REZAR COM
São Bento

Dados Internacionais de Catalogação na Publicação (CIP)
(Câmara Brasileira do Livro, SP, Brasil)

Lira, Bruno Carneiro
  Rezar com São Bento : orações para o cotidiano / Bruno Carneiro Lira. – Petrópolis, RJ : Vozes, 2022.

  6ª reimpressão, 2025.

  ISBN 978-65-5713-579-2

  1. Bento, Santo, Abade de Monte Cassino – Orações e devoções I. Título.

22-102653   CDD-242.76

Índices para catálogo sistemático:
1. São Bento : Orações : Literatura devocional
242.76

Cibele Maria Dias – Bibliotecária – CRB-8/9427

Bruno Carneiro Lira, OSB

REZAR COM
São Bento
ORAÇÕES PARA O COTIDIANO

EDITORA VOZES

Petrópolis

© 2022, Editora Vozes Ltda.
Rua Frei Luís, 100
25689-900 Petrópolis, RJ
www.vozes.com.br
Brasil

Todos os direitos reservados. Nenhuma parte desta obra poderá ser reproduzida ou transmitida por qualquer forma e/ou quaisquer meios (eletrônico ou mecânico, incluindo fotocópia e gravação) ou arquivada em qualquer sistema ou banco de dados sem permissão escrita da editora.

CONSELHO EDITORIAL

PRODUÇÃO EDITORIAL

Diretor
Volney J. Berkenbrock

Editores
Aline dos Santos Carneiro
Edrian Josué Pasini
Marilac Loraine Oleniki
Welder Lancieri Marchini

Conselheiros
Elói Dionísio Piva
Francisco Morás
Teobaldo Heidemann
Thiago Alexandre Hayakawa

Secretário executivo
Leonardo A.R.T. dos Santos

Anna Catharina Miranda
Bianca Gribel
Eric Parrot
Marcelo Telles
Mirela de Oliveira
Natália França
Priscilla A.F. Alves
Rafael de Oliveira
Samuel Rezende
Verônica M. Guedes
Vitória Firmino

Editoração: Maria da Conceição B. de Sousa
Diagramação: Sheilandre Desenv. Gráfico
Revisão gráfica: Nilton Braz da Rocha
Capa: SGDesign

ISBN 978-65-5713-579-2

Este livro foi composto e impresso pela Editora Vozes Ltda.

*Devemos, pois,
constituir uma escola do
serviço do Senhor*
(RB pról., 45).

*Dedico à minha
comunidade monástica do
Mosteiro de São Bento
de Olinda e aos amigos
Dr. José Augusto Ferreira da Silva,
Comandante Felipe
Pacheco e Maria de
Fátima Oliveira.*

Em homenagem a todas as mães pelo seu dia

Hoje, 9 de maio de 2021, Dia das Mães! A homenageada seria eu, como acontecia todos os anos! Porém, hoje sou eu que venho falar de você, filho querido! A saudade é tão grande que chega a sufocar e a doer no peito... Sabe, filho, no fundo, no fundo do coração, eu tenho a certeza de que você está muito bem, junto de JESUS, na Morada Eterna. Já não sofre mais, não sente mais dores, problemas e preocupações cessaram. E mesmo sofrendo a dor da sua ausência, sinto que a sua partida precoce não foi em vão! DEUS sabe todas as coisas, nunca o questionei! Você deixou um legado, sua família! Três filhos lindos que foram a razão do seu esforço e sacrifício, nessa passagem terrena, para dar sempre tudo de melhor para cada um deles, e neles encontro um pedacinho de você. Ano passado, já com essa pandemia, você sempre preocupado comigo, ligou-me na véspera pra avisar que viria tomar o café da manhã comigo, e que eu apenas fizesse o café e arrumasse a mesa... No domingo, Dia das Mães, você chega com presente, flores e um banquete com tudo de bom e do melhor para a nossa refeição matinal. Você era assim, gostava de me ver bem, de me ver feliz... Hoje, quando vejo seus dois irmãos juntos, eu penso: "Está faltando um pedaço de mim, Senhor! Cuida do meu filho!" Um dia, meu querido, no tempo de DEUS, nos encontraremos! Eu creio! Eu sinto! Até lá, vou caminhando, seguindo a vida até o dia do nosso reencontro! Obrigado por tudo o que você fez por mim e pelo filho-exemplo que você foi! Deus o abençoe! Te amarei eternamente!

Gilka de Souza Leão Carvalho
Mãe do querido amigo Édison da Silva Carvalho Júnior (*in memoriam*), ex-aluno de nosso Colégio de São Bento de Olinda, a quem presto homenagem neste livro.
(Recebido por WhatsApp em 11/05/21.)

Sumário

Apresentação, 11

A medalha de São Bento, 15

A Regra Beneditina e a busca de Deus, 19

1 Escutar o Senhor, 25

2 Acolher com amor, 28

3 Rezar sem cessar, 31

4 Dialogar na fraternidade, 34

5 Servir mais do que presidir, 37

6 Cuidar do outro, 40

7 Mais amado do que temido, 43

8 Servir com amor, 46

9 O dom da sabedoria, 49

10 A sobriedade cristã, 52

11 A humildade comove o coração de Deus, 55

12 Obedecer como o Senhor, 58

13 Tolerar com paciência, 61

14 Sempre juntos, 64

15 Todos são iguais, 67

16 O valor do trabalho, 70

17 A arte e as emoções, 73

18 Cultivar a leitura, 76

19 A teologia do zelo bom, 79

20 Assiduidade e pontualidade, 81

21 Livrai-nos, Senhor, da ociosidade, 84

22 Cultivar o despojamento, 87

23 Perdoar como Jesus, 90

24 Optar pela verdade, 93

25 Quando coopero, 96

26 Viver de amor, 99

27 O valor da família, 102

28 Quando corrijo o meu irmão, 105

29 Combater o mal da murmuração, 108

30 Respeito às diferenças, 111

31 Manter-se na unidade, 114

32 Silêncio para escutar o Senhor, 117

33 O protagonismo do discípulo, 120

34 O lugar da oração, 123

35 A escola do serviço do Senhor, 127

Epílogo – Alguns conselhos de São Bento para aperfeiçoar o dia a dia, 131

Apresentação

São Gregório Magno, papa beneditino, define São Bento como "o homem de Deus que brilhou nesta terra tanto pelos milagres como pela eloquência com que soube expor a sua doutrina" (II Diálogos, 36). Este papa, que viveu no século VI e escreveu sobre o pai dos monges do Ocidente, tendo como contemporâneos pessoas que conheceram o santo de Núrcia, escreveu sobre Bento no seu *Segundo livro dos diálogos*. Não se trata de uma biografia no sentido clássico; mas, segundo as ideias do seu tempo, deseja ilustrar, mediante o exemplo de um homem concreto, a subida aos cumes da perfeição, como pode ser realizada por aqueles e aquelas que se abandonam nas mãos de Deus. São Gregório Magno também narra, nesse livro dos diálogos, muitos milagres realizados por Bento. Com isso, não quer simplesmente narrar alguma coisa extraordinária, mas demonstrar como Deus, admoestando e ajudando, intervém nas situações concretas da vida do homem; deseja mostrar que Deus não é uma hipótese distante colocada na origem do mundo, mas está presente na vida do homem, de cada homem.

Segundo o seu hagiógrafo, Bento nasceu pelo ano 480 e foi mandado pelos pais para estudar em Roma. Insatisfeito com a vida desregrada dos colegas e querendo agradar somente ao Senhor, partiu em busca de uma vida interior mais intensa. Depois de uma curta experiência na Aldeia de Effide, em uma comunidade religiosa, partiu para uma experiência eremítica na Gruta de Subiaco. Ali viveu por três anos completamente só – na alta Idade Média, esta gruta constitui-se coração de um mosteiro beneditino, o *Sacro Speco*. O período em Subiaco foi para Bento um tempo de amadurecimento, aprendendo a superar tentações próprias do ser humano: a tentação da autoafirmação e do desejo de se pôr no centro, a tentação da sensualidade e as tentações da ira e da vingança. Só depois de estar em condições de controlar os impulsos do eu é que decidiu fundar o seu primeiro mosteiro. Em 529, Bento deixou Subiaco para se estabelecer em Monte Cassino, fundando, assim, a primeira comunidade monástica, tendo a sua regra como guia.

São Gregório Magno afirma que a vida de Bento era imersa na oração e que sem esta não há experiência de Deus. Mas a espiritualidade do nosso santo não era uma interioridade fora da realidade, pois na inquietude e confusão do seu tempo ele vivia sob o olhar de Deus sem perder os deveres da vida cotidiana. Contemplando o Criador, entendeu a realidade do homem e a sua missão. Na sua regra qualifica a vida monástica como uma "escola do serviço do Senhor" (RB prol. 45) e pede a seus monges que "à obra de Deus (Ofício Divino ou Liturgia das Horas) nada se anteponha" (RB 43,3). Assim, a vida do monge é sempre ação e contemplação para a glória de Deus (cf. RB 57,9).

No exercício da obediência realizada com uma fé animada pelo amor (RB 5,2), o monge conquista a humildade, à qual a santa Regra dedica todo o cap. 7. Desse modo, o homem se torna sempre mais conforme a Cristo e encontra a verdadeira realização como a criatura feita à imagem e semelhança de Deus.

O superior do mosteiro, que é o abade, deverá ser ao mesmo tempo um terno pai e também um severo mestre (RB 2,24), um verdadeiro educador; mas a ternura do Bom Pastor deverá prevalecer (RB 27,8).

São Bento, na sua humildade, qualifica sua Regra apenas como uma iniciação para quem se apressa em chegar aos cumes da perfeição (RB 73,8), indicando, porém, a Sagrada Escritura como mestra, e também os Padres da Igreja.

Com este compêndio desejamos motivar nossos leitores e leitoras a conhecerem melhor a espiritualidade beneditina e chegarem ao humanismo que possa colocar os homens e as mulheres como protagonistas humildes de suas ações. Cremos que isso acontecerá a partir de pequenas meditações e orações em torno dos temas centrais da Regra de São Bento, que continuam muito atuais para o crescimento espiritual, fazendo com que a nossa amizade com Jesus Cristo cresça cada vez mais.

E, como nos ensina o papa emérito Bento XVI, o grande Monge Bento permanece sendo um verdadeiro mestre, em cuja escola poderemos aprender a arte de viver o verdadeiro humanismo.

A medalha de São Bento

A medalha de São Bento, tão difundida no meio do nosso povo, apareceu pouco depois de sua morte, no ano de 547. Foi criada por monges beneditinos, discípulos e seguidores de Bento, cuja Ordem Religiosa já possui mais 1.500 anos. A medalha é totalmente inspirada na vida, obra e oração desse grande santo, pai dos monges do Ocidente. Constitui-se, assim, um sacramental; ou seja, um sinal visível e palpável da nossa fé e da presença de Deus. Não é um amuleto, mas um símbolo profundo de espiritualidade e união com Jesus Cristo que nos livra das investidas do mal e de todos os perigos. O símbolo da medalha nos ajuda a rezar, a entrar em contato com Deus e a nos colocarmos sob a proteção do Altíssimo (cf. Sl 90) através da intercessão de São Bento.

Na frente da medalha encontramos várias inscrições e símbolos, todos relacionados à vida e à obra de Bento, como também ao crescimento espiritual dos cristãos. As letras C S P B dentro de quatro círculos são as iniciais de uma frase em latim: *Cruz sancti patris Benedicti*, cujo significado é: A cruz do santo pai Bento. Nosso santo é pai de gerações de seguidores de Nosso Senhor Jesus Cristo.

O primeiro símbolo que se destaca é, portanto, a cruz, sinal do cristão e da devoção de São Bento. A cruz com as duas hastes do mesmo tamanho significa que a mesma dedicação que devemos ter para com Deus (haste vertical), também precisamos ter com os irmãos (haste horizontal). A inscrição na haste vertical contém as letras C S S L M; as iniciais da frase em latim: *Crux sacra sit mihi lux*, que quer dizer: A cruz sagrada seja a minha luz. Já a inscrição na haste horizontal, as letras N D S M D são as iniciais da frase: *Non draco sit mihi dux*, que significa: Não seja o dragão o meu guia. É a segunda sentença da oração de São Bento; estando na haste horizontal, indica as relações humanas, para que não permitamos que o maligno seja o nosso guia.

No topo da medalha há a inscrição *PAX*, que quer dizer PAZ, para que todos possamos ter a paz interior que só Jesus pode nos dar, não como o mundo a dá. Por isso, em seu discurso de despedida, Jesus disse para que nosso coração não se perturbasse (Jo 14,27).

Na lateral direita do círculo vemos a inscrição V R S N S M V, que são as iniciais da seguinte expressão latina: *Vade retro satana nunquam suade mihi vana*, ou seja: Retira-te, satanás, nunca me aconselhes coisas vãs! Já na lateral esquerda do círculo encontramos as iniciais S M Q L I V B:

Sunt mala quae libas, ipse venena bibas, significando: É mau o que tu ofereces, bebe tu mesmo o teu veneno!"

Portanto, assim fica toda a oração de São Bento: "A cruz sagrada seja a minha luz. Não seja o dragão o meu guia. Retira-te, satanás. Nunca me aconselhes coisas vãs. É mau o que tu ofereces. Bebe tu mesmo o teu veneno".

Já no verso da medalha temos a imagem de Bento vestindo o hábito da nossa Ordem Beneditina, com a cogula negra. Ao redor do ícone temos a inscrição em latim: *Eius in obitu nostro praesentia muniamur,* que quer dizer: Sejamos confortados pela presença de São Bento na hora de nossa morte. Junto com São José, ele também é invocado como padroeiro da boa morte. Quem traz no peito a medalha do nosso pai São Bento deverá pedir uma morte tranquila e em estado de graça.

Sob a imagem de Bento encontramos a Santa Cruz, símbolo da nossa libertação pelo Mistério Pascal de Cristo. São Bento orientava para que todos sempre fizessem o sinal da cruz: ao despertar, antes das orações e na conclusão delas, antes das refeições, antes dos estudos, do trabalho e antes de dormir, pois assim Deus nos protegerá das investidas do maligno.

A Regra Beneditina e a busca de Deus

A busca de Deus é o ideal do cristão. Identificamo-nos como seguidores de Jesus se desejamos chegar ao Pai com Ele no Espírito Santo. O Sl 14 nos ensina: "Senhor, quem morará em vossa casa? É aquele que caminha na justiça, que não jura falso para o dano de seu próximo, que tem as mãos puras e inocente o coração [...]". Já encontramos aqui um caminho seguro para estar com Ele: ter a pureza de coração. Jesus faz deste ideal uma bem-aventurança para aqueles que desejam contemplar a face de Deus (cf. Mt 5,8).

São Bento nos oferece a Santa Regra, que deverá ser vivenciada pelo exemplo do abade[1] e através da sua condução como pastor, dentro dos claustros do mosteiro. Após o prólogo, que é um convite para entrar nesta escola do serviço do Senhor, Bento apresenta os gêneros de monges, propondo o dos cenobitas, aquele que milita

---

1 O pai espiritual do mosteiro.

sob uma regra e um abade. Mostra a importância da vida comunitária ao tratar da convocação dos irmãos ao conselho e apresenta os instrumentos das boas obras, sempre inspirado no Evangelho. Os cap. 5–7 tratam da obediência, do silêncio e da humildade, respectivamente, que constituem um tripé fundamental para a vida interior e de encontro com o Cristo, pois realizamos o que Ele mesmo fez e, assim, também nos identificamos com Ele. Devemos obedecer sem murmurar porque Nosso Senhor se encarnou para fazer a vontade do Pai e a fez até o momento supremo da cruz; por isso Deus o exaltou e lhe deu um nome novo que está acima de todo nome (cf. Fl 2,11). No silêncio terreno, fértil para uma oração de qualidade, igualamo-nos com o Mestre, que se retirava de madrugada para os montes para rezar e estar sozinho com o Pai. A humildade nos coloca como irmãos, iguais a todos; também nos faz sentir pecadores e indignos, totalmente necessitados da graça de Deus. A Virgem Maria, no *Magnificat*, ensina-nos que o Senhor derrubou os poderosos de seus tronos e elevou os humildes (cf. Lc 1,52). A humildade, portanto, comove o coração do Criador. Munido dessa postura, São Bento explicita a vida de oração em um longo código de treze capítulos, apresentando toda a metodologia e escolha dos textos bíblicos para o Ofício Divino, a atual Liturgia das Horas. No cap. 20 trata da reverência que devemos ter na oração, pois estamos diante da divindade e dos anjos que rezam conosco. Por isso, ela deverá ser breve e pura, pois a mente deverá concordar com a voz, evitando-se, assim, toda e qualquer dispersão.

Para buscar Deus no mosteiro também se faz necessário ter disciplina. Nosso pai dedica, em seguida, alguns capítulos à correção fraterna, feita pelo abade ou por aqueles que ele encarrega para isso, pois sempre é importante resgatar todos os irmãos.

Os capítulos seguintes tratam do despojamento de cada monge, como também de algumas funções importantes na organização do mosteiro; destacamos o ofício do celeireiro (ecônomo) e a importância dos enfermos, que devem ser servidos como o próprio Cristo.

O capítulo que trata do trabalho manual cotidiano evoca o tempo da Quaresma e destaca momentos especiais para a leitura da Palavra de Deus, intercalando com o trabalho; assim, para o monge, a leitura é fundamental para a sua vida espiritual na busca de Deus. No início da Quaresma também são entregues livros para que, com a bênção do abade, sejam realizadas leituras espirituais.

> Nos dias da Quaresma, porém, da manhã até o fim da hora terceira, entreguem-se às suas leituras, e até o fim da décima hora trabalhem no que lhes for designado. Nestes dias de Quaresma recebam todos respectivamente livros da biblioteca

e leiam-nos pela ordem e por inteiro; esses livros são distribuídos no início da Quaresma. Antes de tudo, porém, designem-se um ou dois dos mais velhos, os quais circulem no mosteiro nas horas em que os irmãos se entregam à leitura, e verão se não há, por acaso, algum irmão tomado de acedia, que se entrega ao ócio ou às conversas, e não está aplicado à leitura, e não somente é inútil a si próprio como também distrai os outros. Também no domingo entreguem-se todos à leitura, menos aqueles que foram designados para os diversos ofícios. Se, entretanto, alguém for tão negligente ou relaxado, que não queira ou não possa meditar ou ler, seja-lhe determinado um trabalho que possa fazer, para que não fique à toa. Aos irmãos enfermos ou frágeis designe-se um trabalho ou ofícios adequados, de tal sorte que não fiquem ociosos nem sejam oprimidos ou afugentados pela violência do trabalho; a fraqueza desses deve ser levada em consideração pelo abade (RB 48,14-18.22-25).

Como vemos, São Bento não admite a ociosidade, pois ela é inimiga da alma, atrapalha a busca de Deus; daí permear o dia monástico com o trabalho e a leitura, que prepara para a oração (*ora et labora*).

O cap. 72 é fundamental para cultivar a nossa amizade com Jesus Cristo: "Do bom zelo que os irmãos devem ter". Aqui Bento apresenta o dualismo entre o zelo bom e o mau, que separa de Deus e conduz ao vício. O zelo bom, que conduz a Deus, realiza-se na tolerância das fraquezas do corpo e as morais, nossa e dos outros, na obediência mútua, na caridade fraterna, no temor de Deus, para que, juntos, cheguemos à vida eterna.

E, finalmente, no último capítulo da Regra, ele mostra toda a sua humildade dizendo que a mesma é apenas um instrumento de iniciação e que, para aqueles que se apressam rumo ao cume da santidade, a perfeição da vida monástica, existem a doutrina dos Santos Padres, a Palavra de Deus, a Regra de São Basílio. E conclui: "Tu, pois, quem quer que sejas, que te apressas para a Pátria Celeste, realiza com o auxílio de Cristo esta mínima Regra de iniciação aqui escrita e, então, por fim, chegarás, com a proteção de Deus, aos maiores cumes da doutrina e das virtudes de que falamos acima. Amém" (RB 73, 8-9).

Convido a todos e todas a entrarem, agora, neste itinerário espiritual, rezando os temas principais da Regra de nosso pai São Bento, para, juntos, encontrarmos o Senhor e permanecermos com Ele.

1
Escutar o Senhor

Escuta, filho, os preceitos do Mestre, e inclina o ouvido do teu coração; recebe de boa vontade e executa eficazmente o conselho de um bom pai, para que voltes, pelo labor da obediência, àquele de quem te afastaste pela negligência da desobediência (RB, prol., 1-2).

O verbo escutar tem uma pequena diferença semântica com relação ao simplesmente ouvir; ou seja, escutar é meditar o que se ouviu. São Bento deseja do discípulo um ouvido atento ao que o Mestre tem a dizer. O Profeta Isaías nos ensina com relação ao Servo de Javé: "O Senhor Deus me deu língua adestrada para que eu saiba dizer palavras de conforto à pessoa abatida; Ele me desperta cada manhã e me excita o ouvido para prestar atenção como um discípulo. O Senhor abriu-me os ouvidos; não lhe resisti nem voltei atrás" (Is 50,4-5). O Servo é Jesus que escuta o Pai e faz a sua vontade até a morte de cruz, por isso foi glorificado. Nós também queremos escutar o Mestre Jesus Cristo com o ouvido do coração, pois, atentos ao que Ele nos ensina, voltaremos ao Pai, de quem nos afastamos pela desobediência dos nossos pecados. O caminho, portanto, é o da obediência. Esta é a maior arma para vencer as investidas do mal. Maria e Jesus estão o tempo todo nos ensinando este caminho.

Quando o Anjo Gabriel anunciou o nascimento do Salvador, explicando a sua missão e procedência, a Virgem se curvou à vontade do Pai e em total obediência respondeu: "Eis aqui a serva do Senhor, faça-se em mim segundo a tua palavra" (Lc 1,38). Jesus Cristo, por sua vez, nos ensinou: "Eu não vim fazer a minha vontade, mas a vontade daquele que me enviou" (Jo 6,38).

Bento deseja que executemos de boa vontade os conselhos que Nosso Senhor nos ensina em seu Evangelho. Sua Boa-nova nos chama constantemente à conversão do coração e, por isso, devemos ter, sempre, os ouvidos atentos ao que Ele nos fala.

Ouvir a voz do Senhor na oração

OREMOS: Pai nosso, que nas águas do Rio Jordão e no Monte Tabor mandaste-nos ouvir o vosso Filho amado, fazei com que todos nós possamos viver conforme os preceitos de Jesus Cristo, no verdadeiro amor e obedecendo em tudo a vossa vontade. Amém.

2
Acolher com amor

> *Todos os hóspedes que chegarem ao mosteiro sejam recebidos como o Cristo, pois Ele próprio irá dizer: "Fui hóspede e me recebestes". E se dispense a todos a devida honra, principalmente aos irmãos na fé e aos peregrinos. Mostre-se principalmente um cuidado solícito na recepção dos pobres e peregrinos, porque, sobretudo na pessoa desses, Cristo é recebido (RB 53,1-2.15).*

O acolhimento caracteriza a comunidade cristã e já encontra seu fundamento na Sagrada Escritura. No Antigo Testamento, Abraão hospedou a Santíssima Trindade, debaixo do Carvalho de Mambré, com aquilo que tinha de melhor (cf. Gn 18). Os amigos de Betânia acolheram Jesus muitas vezes e com todo desvelo; Marta, fazendo os serviços da casa, e Maria, dando-lhe toda a atenção da escuta (cf. Lc 10,38-42). São Paulo, quando chegou a Corinto, também foi recebido pelo casal Priscila e Áquila, que tinham sua mesma profissão, fabricação de tendas, e ali anunciavam, juntos, o Senhor (cf. At 18,1-3).

Bento, no cap. 53 da RB, citado acima, ensina-nos este ideal da acolhida, comparando aqueles que chegam ao mosteiro como os hóspedes e peregrinos ao próprio Cristo, que é recebido na pessoa deles. Já no cap. 66, que é dedicado aos porteiros, ele exige que seja colocado neste ofício um monge ancião sábio, que possa acolher eficazmente, recebendo e transmitindo devidamente um recado, e cuja maturidade não lhe permita vaguear, pois logo que alguém bater ou um pobre chamar, responda logo: "Graças a Deus".

Com esses modelos bíblicos e os conselhos de Bento, poderemos nos motivar a cuidar uns dos outros, movimento tão necessário nestes tempos de individualismo. Essa abertura é própria de quem ama ao Senhor, pois toda acolhida provém dele, o nosso primeiro amor. Isto se realiza a partir de uma postura interior e constitui uma busca contínua própria de um espírito de disponibilidade.

Para cuidar de si e do outro

OREMOS: Ó Deus, foste recebido por Abraão e a ele prometeste uma descendência fazendo com que Sara se tornasse mãe; desse modo, agradeceste a acolhida recebida e nos ensinaste a importância do gesto de cuidar. Na realidade atual, deparamo-nos com o egoísmo e o individualismo prático; por isso, pedimos-te a graça da humildade para que saibamos nos abrir ao próximo numa atitude de acolhida e cuidado, sobretudo aos que são mais excluídos das atenções. Amém.

3
Rezar sem cessar

> *Lembremo-nos, pois, sempre, do que diz o profeta: "Servi ao Senhor com temor". E também: "Salmodiai sabiamente". E ainda: "Cantarei a Vós em face dos anjos". Consideremos, pois, de que maneira cumpre estar na presença da divindade e de seus anjos; e tal seja a nossa presença na salmodia, que nossa mente concorde com nossa voz* (RB 19,3-7).

O coração da Regra Beneditina é a oração. Nosso Senhor Jesus Cristo é o grande modelo da vida de oração. A Sagrada Escritura nos mostra várias vezes que Ele se retirava para estar sozinho com o Pai nos montes e à noite, escolhendo sempre este lugar e horário para o seu recolhimento. Para Bento, o lugar por excelência é o oratório e o horário é o dia todo, com um olhar particular para os ofícios durante a noite e na madrugada.

A Virgem Maria, também, é um grande modelo de mulher orante, pois ao cantar o *Magnificat* fez uma síntese da sua oração interior, tendo a Palavra de Deus meditada em seu coração. É um grande louvor: "A minha alma engrandece o Senhor e o meu espírito exulta em Deus meu Salvador" (Lc 1,46-47).

Os Atos dos Apóstolos também nos informam que a comunidade primitiva era solícita nas orações e na partilha do pão (cf. At 2,42); também nos dizem que Pedro e João subiram ao Templo para a oração da hora nona[2] (cf. At 3,1). São Paulo nos orienta a estar em oração contínua: "Orai sem cessar. Em tudo dai graças, porque esta é a vontade de Deus em Cristo Jesus para convosco. Não extingais o Espírito" (1Ts 5,17-19). O Espírito vem sempre em socorro da nossa fraqueza, pois não sabemos como rezar. Ele ora em nós (cf. Rm 8,26).

São Bento é consciente da importância de uma vida de oração contínua e de qualidade para que nos livremos das tentações e desenvolvamos uma autêntica amizade com Jesus Cristo. Para isso nos deixou em sua Regra um código litúrgico bem determinado, orientando-nos para os momentos de oração comunitária, na distribuição dos salmos e hinos, e na composição das leituras da Sagrada

---

2 Corresponde à oração das 15h.

Escritura e da patrística, como também a referência do canto dos aleluias. Tudo isso deverá ser feito com reverência, pois quando rezamos estamos diante dos anjos.

Foi na Regra Beneditina que a Igreja se inspirou para compor a atual Liturgia das Horas.

Só eu e o Senhor para rezar

OREMOS: Senhor Jesus Cristo, vós sois o orante por excelência, pois sempre buscastes, enquanto estivestes entre nós, locais e horários para estar a sós com o Pai, sobretudo naqueles acontecimentos marcantes: na escolha dos apóstolos, na transfiguração, na agonia do Getsêmani. Dai-nos o mesmo espírito de oração para que permaneçamos sempre convosco. Amém.

4
Dialogar na fraternidade

> *Não entristeça seus irmãos. Se algum irmão, por acaso, lhe pedir alguma coisa desarrazoadamente, não o entristeça desprezando-o, mas negue, razoavelmente, com humildade, ao que pede mal [...]. Tenha, antes de tudo, humildade, e não possuindo o que lhe pedem, dê como resposta uma boa palavra, conforme está escrito: "a boa palavra está acima da melhor dádiva"* (RB 31,6-7.13-14).

O diálogo é fundamental para a vida comunitária, pois constitui um elemento de respeito e reverência para com o outro. É, portanto, nesta troca interpessoal, que se desenvolve a escuta e se trabalham as palavras certas que devem ser ditas nos momentos oportunos.

Como vemos na citação acima, do capítulo que se refere ao celeireiro (ecônomo) do mosteiro, é fundamental o tratamento que deve ser dispensado aos irmãos, sobretudo na atitude de humildade, que favorece o diálogo e a manutenção da alegria. No encerramento desse capítulo São Bento faz questão de afirmar que ninguém se perturbe nem se entristeça na casa de Deus (cf. v. 19).

Ele também orienta o abade a não fazer distinção de pessoas no mosteiro, mas amar e tratar todos com igualdade, inclusive no ato de corrigir, pois a correção fraterna brota sempre de um diálogo humilde que busca o bem do outro e nunca deverá ser com um desejo opressor.

O auge desse ideal é demonstrado por Bento no capítulo que trata da solicitude que o abade deverá ter com os irmãos excomungados por suas faltas (cap. 27). Para esses empregará toda a sua solicitude, enviando irmãos mais velhos e sábios para consolá-los na caridade e rezar com eles. Deverá, portanto, imitar o exemplo do bom pastor, que vai em busca da ovelha desgarrada e dela se compadece, trazendo-a nos ombros para integrá-la ao seu rebanho.

Tudo isso só se realiza através do verdadeiro diálogo que busca estabelecer constantemente laços de fraternidade.

Para exercitar o diálogo

OREMOS: Ó Bom Pastor, sempre dialogastes, usando de mansidão, com aqueles que conviveram contigo, incluindo os que viviam à margem social, prostitutas, cobradores de impostos, leprosos, viúvas e crianças. Fazei que, seguindo o teu exemplo, passemos a dialogar mais com os nossos semelhantes para que a fraternidade seja uma constante na vida de todos. Amém.

5
Servir mais do que presidir

> *Pense sempre o abade ordenado no ônus que recebeu e a quem deverá prestar contas da sua administração, e saiba convir--lhe mais servir do que presidir* (RB 64,7).

O serviço é uma característica basilar do cristianismo e se encontra presente em várias passagens das Sagradas Escrituras, sobretudo, nos evangelhos. Os grandes modelos de servidores bíblicos são o próprio Jesus Cristo e sua Mãe, a Virgem Maria.

Jesus nos ensinou que o maior é aquele que serve: "E, qualquer um de vós que quiser ser o primeiro, seja como aquele que serve, pois o Filho do homem não veio para ser servido, mas para servir e dar a sua vida em resgate de muitos" (Mt 20,27-28). O maior serviço que

Ele prestou à humanidade foi quando, na cruz, deu a própria vida por amor a cada um de nós. Ali abriu-nos novamente as portas do paraíso que nos foram fechadas pela desobediência dos nossos primeiros pais.

A Virgem Maria, logo que se viu grávida, encheu-se de preocupação pela sua prima Isabel e partiu às pressas para as montanhas da Judeia, a fim de servi-la até o nascimento de João Batista. A Mãe do Senhor foi a primeira discípula do Filho, e por isso o seguiu em tudo; assim como Ele, é a humilde serva obediente do Senhor.

Foi inspirado nestes dois grandes exemplos que Bento pediu ao abade do mosteiro o exemplo do serviço; ou seja, que ensine mais por este caminho do que pela presidência. Assim, os monges vão formando o ser religioso guiados pelo testemunho do pai espiritual, assemelhando-se em tudo ao Cristo humilde, obediente, pobre, casto e servidor. E é neste sentido que o abade faz as vezes de Cristo no coração da comunidade monástica.

Vamos, portanto, rogar ao Senhor para que nos livre de toda a inércia e dos desejos opressores de afirmação pela força dos cargos, e que isso aconteça pelo testemunho daqueles que, como o abade, fazem-se bons servos do Senhor (cf. RB 64,21).

Para se colocar a serviço

OREMOS: Senhor Jesus, vós viestes a este mundo para conviver conosco, apresentando-se como o Servo do Pai e de toda a humanidade. Toda vossa vida foi um serviço aos seres humanos. Um dia dissestes aos que estivessem cansados e fatigados que buscassem refúgio em Vós, e assim ficariam descansados (cf. Mt 11,28). Vinde, agora, em nosso socorro e nos curai de toda fadiga e espírito de grandeza, para que, como nos ensinastes, possamos ser vossos humildes servos. Amém.

6
Cuidar do outro

> *Que tenha, pois, o abade o máximo cuidado em que os enfermos não sejam negligenciados nem pelos celeireiros nem pelos que lhes servem, pois ele é o responsável por qualquer falta que tenha sido cometida pelos discípulos* (RB 36,10).

Fazendo uma leitura do mundo atual, deparamo-nos com estruturas cada vez mais egocêntricas, narcísicas e aparentes. Esse tipo de atitude se opõe ao humanismo do cuidado, tão necessário nas relações interpessoais. Jesus sempre se preocupou com este detalhe: dar atenção, ouvir as necessidades, ir ao encontro, solucionar os problemas, tirar as tristezas.

Em Jo 5,1-9 vemos Jesus curando um paralítico em Betesda. É curioso que o Senhor se dirige a alguém em especial, pois ali estava uma multidão desejando ser curada; Ele se dirige a alguém que há décadas buscava esta cura na fé, sem desistir. Jesus perguntou ao doente se ele queria ser curado, ouvindo uma resposta afirmativa. O Filho de Deus, imediatamente, devolveu-lhe a saúde. Esta cena nos mostra que não devemos desistir de esperar no Senhor, porque Ele não falha, é sempre bom para aqueles que nele esperam (cf. Lm 3,25). E, assim, aconteceu quando Ele curou a febre da sogra de Pedro (cf. Mc 1,29-31), os endemoniados (cf. Lc 4,31-36), purificou os leprosos (cf. Mt 8,32-34), curou o criado do centurião (cf. Lc 7,1-10), ressuscitou o filho da viúva de Naim (Lc 7,11-15) etc. Como vemos, Nosso Senhor sempre está cuidando, debruçando-se sobre a fraqueza e indigência do outro (o próximo), dando-lhe saúde, integrando e ofertando-lhe dignidade.

É este mesmo cuidado que nosso pai São Bento desejava que o abade tivesse para com os enfermos, os pobres, os irmãos mais fracos e idosos, os excomungados. Sobretudo para cuidar dos enfermos, designava um monge que fosse temente a Deus, diligente e solícito, concedendo, ainda, a alimentação de carnes àqueles que estivessem extremamente fracos (cf. RB 36,7.9).

Peçamos ao Senhor a graça de praticarmos o diferencial do altruísmo neste mundo tão marcado pelo egocentrismo.

O dom do acolhimento

OREMOS: Senhor Jesus Cristo que sempre cuidastes dos fracos e marginalizados, vinde agora em nosso socorro para que acolhamos o próximo sem reservas, e aos mais necessitados dediquemos todos os cuidados que forem necessários. Amém.

7
Mais amado do que temido

> *Odeia os vícios, ama aos irmãos. Na própria correção proceda prudentemente e não com demasia, para que, ao raspar demais a ferrugem, não se quebre o vaso; suspeita sempre da própria fragilidade e lembra que não deves esmagar o caniço já rachado. Com isso não dizemos que permitas que os vícios sejam nutridos, mas que os amputes prudentemente e com caridade, conforme vês que convém a cada um, como dissemos; esforça-te por ser mais amado do que temido* (RB 64,11-15).

O amor é o maior distintivo do cristão. Viver de amor sintetiza toda a pregação de Jesus. No seu discurso de despedida, ainda no contexto da Última Ceia, Ele disse: "Como o Pai me amou, também eu vos amei; permanecei no meu amor. Se guardardes os meus mandamentos, permanecereis no meu amor, do mesmo modo que eu tenho guardado os mandamentos de meu Pai e permaneço no seu amor. Tenho-vos dito isto para que a minha alegria permaneça em vós e a vossa alegria seja completa. O meu mandamento é este: que vos ameis uns aos outros, assim como eu vos amei. Ninguém tem maior amor do que este, de dar a vida pelos seus amigos" (Jo 15,9-13). Portanto, o Senhor nos quer felizes e nos ensina a receita: viver o amor, que é doação, gratuidade.

São Paulo também nos ensina que o amor está acima de tudo, quando canta um hino à caridade na sua Primeira Carta aos Coríntios, pois quem ama verdadeiramente "tudo sofre, tudo crê, tudo espera, tudo suporta. Agora, pois, permanecem a fé, a esperança e a caridade, mas a maior destas é a caridade" (1Cor 13,7-8.13). E, ainda, um antigo hino que se canta na Apresentação das ofertas da *Missa In Coena Domini*, na Quinta-feira Santa, o *Ubi caritas et amor, Deus ibi est* (Onde o amor e a caridade, Deus aí está).

Bento, portanto, deseja que o abade, condutor do rebanho como um sábio mestre, use de todos os meios humanos para corrigir as faltas, os vícios, e que tudo isso seja feito com prudência e toda mansidão da caridade.

Daí a necessidade do esforço para ser mais amado do que temido.

Essa regra de vida, no entanto, aplica-se para todos aqueles que se apressam para progredir na vida espiritual e desejam ter uma amizade profunda com Jesus Cristo, pois foi o que Ele mais ensinou, como dissemos acima. Conquistemos o nosso próximo pelo excesso de misericórdia e pelo amor, mas nunca pelo exagero do legalismo e rubricismo.

Cultivar a autoestima e amar o irmão

OREMOS: Ó Divino Espírito Santo, que sois o Amor do Pai e do Filho, vinde aos nossos corações e ensinai-nos a amar de todo coração a nós mesmos e ao próximo, pois assim teremos a certeza de que, um dia, conviveremos convosco no seio da Santíssima Trindade, modelo de comunidade de amor. Assim seja.

8
Servir com amor

> *Que os irmãos se sirvam mutuamente e ninguém seja dispensado do ofício da cozinha, a não ser no caso de estar alguém doente ou ocupado em assunto de grande utilidade; pois por esse meio se adquire maior recompensa e caridade* (RB 35,1-2).

São Bento tem todo cuidado com o serviço da mesa e o trabalho da cozinha. Ensina que é um exercício que deverá ser realizado por todos, dispensando apenas o celeireiro, no caso de a comunidade ser numerosa, e aqueles que estiverem ocupados em atividades mais essenciais. Ele considera este serviço uma atividade em que se exerce a plenitude da caridade e por este motivo se obtém uma maior recompensa.

Esse serviço amoroso que se presta aos irmãos é um sinal do Cristo servo, que na sua Última Ceia serviu à mesa pascal aos apóstolos e, ainda, lavou-lhes os pés. Por isso, Bento constitui esse trabalho monástico um sacramental, a ponto de ter uma liturgia especial que finaliza o Ofício das Matinas dominicais; ou seja, os irmãos semanários que deixam a atividade prostram-se no oratório e rezam três vezes: "Bendito seja o Senhor Deus que me ajudou e consolou" (RB 35,16b), e recebem a bênção. Aqueles que iniciarão a semana nesse serviço também vão ao centro do oratório e, prostrados, rezam por três vezes: "Deus, vinde em meu auxílio; socorrei-me sem demora" (RB 35,17b). Recebida a bênção, entram no seu ofício.

É importante destacar que Bento é extremamente caridoso, permitindo que os que servem às mesas alimentem-se antes dos demais, para que sirvam seus irmãos sem murmuração e cansaço.

Esse serviço monástico de amor se identifica com a simplicidade, comovendo o coração de Deus, que revela os mistérios do Reino aos simples (cf. Mt 11,25) e nos ajuda a extrair do coração todo sentimento de orgulho, inveja, ciúme, grandeza, superioridade...

O serviço humilde nos aproxima do Senhor

OREMOS: Deus de amor que revelaste os mistérios do teu Reino aos pequeninos e simples, escondendo-os aos que se dizem sábios e entendidos; envia aos nossos corações a tua graça, a fim de que sejamos sempre humildes e abertos à tua vontade, como verdadeiros seguidores de Nosso Senhor Jesus Cristo, que veio ao mundo para nos servir com amor. Que nós possamos fazer o mesmo como seguidores dele. Amém.

9
O dom da sabedoria

> *Seja escolhido para celeireiro do mosteiro, dentre os membros da comunidade, um irmão sábio, maduro de caráter, sóbrio, que não coma muito, não seja orgulhoso, turbulento, injuriador, preguiçoso nem pródigo, mas temente a Deus; que seja como um pai para toda a comunidade* (RB 31,1-2).

A sabedoria é um dos dons do Espírito Santo que dá uma graça especial aos seres humanos para saber como se comportar em cada situação, sempre que houver necessidade de resolver determinada problemática ou fazer escolhas importantes. Inspira o homem a falar e agir inteligentemente diante de situações concretas de sua vida ou da sua comunidade, levando-o a decidir acertadamente de acordo com a vontade de Deus; seja no trabalho, na vida religiosa, no matrimônio, na educação dos filhos, em todas as relações interpessoais. É uma orientação divina para se viver conforme os ensinamentos de Jesus Cristo. Este dom também nos leva a ensinar e explicar as verdades religiosas.

Identifica-se, ainda, com aquela palavra certa que devemos proferir para edificar, sabendo o momento correto e a maneira de ser dita, sempre com a intenção de construir. Este é o verdadeiro sábio que São Bento deseja que o celeireiro (ecônomo) do mosteiro tenha como característica.

Diverge, portanto, de ser sabido, que é uma patologia contrária ao sábio. O sabido só pensa em si e deseja o tempo todo tirar proveito dos outros. É aquele mau pastor que Jesus chama no Evangelho de mercenário, o qual apascenta a si mesmo e não protege as ovelhas dos lobos; pelo contrário, foge e as deixa sozinhas para serem devoradas (cf. Jo 10,12).

Ser temente a Deus, maduro de caráter, sóbrio, não orgulhoso e nem preguiçoso, mas como um pai para os irmãos, são atitudes decorrentes do verdadeiro sábio, que se deixa conduzir pelo Espírito do Senhor em todos os papéis sociais que desempenha na sociedade.

Com o dom da sabedoria podemos falar e agir bem

OREMOS: Ó doador dos sete dons, vinde visitar as nossas almas com a vossa graça divinal e acendei em nós o fogo do vosso amor, pois com ela evitaremos todo mal. Nós vos pedimos com humildade o dom da sabedoria, para que tenhamos discernimento no dizer e no agir e, assim, vivamos conforme a vossa vontade. Assim seja.

10
A sobriedade cristã

> *Deve ser, pois, douto na lei divina para que saiba e tenha de onde tirar as coisas novas e antigas; deve ser casto, sóbrio, misericordioso e faça prevalecer sempre a misericórdia sobre o julgamento, para que obtenha o mesmo para si. Odeie os vícios, ame aos irmãos* (RB 64,9-11).

Os versículos acima apresentam características fundamentais que o abade[3] deverá ter na condução da comunidade monástica. E, dentre elas, destacamos a sobriedade. Interessante observar que Bento se preocupa muito com o ser sóbrio, pois também o apresenta como uma característica do celeireiro.

---
[3] Superior (pai) do mosteiro.

A pessoa sóbria é aquela que se alimenta e bebe com moderação, sempre de maneira frugal, comporta-se comedidamente e tem certa seriedade.

Em toda Sagrada Escritura encontramos indícios desse ideal. Os grandes modelos e maiores ascetas[4] do Novo Testamento foram João Batista e Jesus Cristo. João se vestia com pele de camelo e se alimentava com gafanhotos e mel silvestre (cf. Mt 3,4). Jesus jejuou quarenta dias e quarenta noites no deserto, a fim de vencer as tentações do inimigo e se preparar para a sua missão (cf. Mt 4,1).

A sobriedade favorece as relações com Deus, consigo mesmo e com o próximo, sendo fundamental para o fortalecimento do espírito, fazendo com que tenhamos uma postura equilibrada diante da vida, fortalecendo-nos contra a ira, a falta de controle emocional e a acédia[5]. O silêncio fecundo também contribui muito para uma vida de sobriedade, pois favorece o diálogo com o Senhor. Preservando-nos do muito falar, evitamos pronunciar besteiras, coisas que não edificam.

Na hora extrema de Nosso Senhor, estando já pregado na cruz, Ele ainda encontra forças para pronunciar uma afirmação, que mesmo em nossos dias chega ao

---

4 Aqueles que vivem com disciplina para crescerem no espírito.

5 Preguiça espiritual em relação à vida de oração com qualidade e à *Lectio Divina* (meditação da Palavra de Deus).

ouvido do coração, dando-nos a plena segurança de um eterno porvir: "Ainda hoje estarás comigo no paraíso!" (Lc 23,43). Até parece uma mera contradição que dos lábios de Jesus, um ser humano quase morto, desabroche uma palavra de vida tão profunda e acompanhada de uma certeza que a valida por toda a eternidade, chegando à atualidade e conduzindo-nos até o último dia de nossa história. Ele a pronunciou porque, enquanto homem, viveu uma vida de disciplina espiritual, na sobriedade.

Precisamos ouvir sempre o que o Senhor nos diz: "Ainda hoje estarás comigo no Paraíso"!

Para se livrar do mal

OREMOS: Ó Jesus amado, que sois homem como nós e nos ensinastes a sobriedade para vencermos as tentações e vivermos em perfeito equilíbrio conosco e com o próximo; guardai-nos de todo mal para que se cumpra em nós a vossa promessa de estarmos convosco no Paraíso. Amém.

11
A humildade comove o coração de Deus

> *Se, portanto, irmãos, quisermos atingir o cume da suma humildade e se quisermos chegar rapidamente àquela exaltação celeste para a qual se sobe pela humildade da vida presente, deve ser erguida pela ascensão de nossos atos aquela escada que apareceu em sonho a Jacó, na qual lhe eram mostrados anjos que subiam e desciam. Essa descida e subida, sem dúvida, outra coisa não significa para nós, senão que pela exaltação se desce e pela humildade se sobe* (RB 7,5-7).

A Carta de São Paulo aos Filipenses nos ensina que Jesus Cristo se humilhou e obedeceu ao Pai até a morte de cruz (cf. Fl 2,8). A segunda pessoa da Santíssima

Trindade, no momento de sua encarnação, rebaixou-se com todo amor para se tornar um de nós, a fim de nos reerguer. Naquele momento sublime do sim da Virgem Maria, o próprio Deus nos deu o maior exemplo de humildade, mostrando-nos que Ele sempre se comove com aqueles que se humilham. Aliás, a Mãe de Jesus nos ensina que o Senhor eleva os humildes e destrona os poderosos (cf. Lc 1,52).

Nosso pai São Bento, entendendo essa predileção do nosso Deus, propõe os doze degraus da humildade, para que o monge e todo cristão suba aos cumes da perfeição evangélica. O primeiro consiste em ter diante de si o olhar de Deus e, portanto, evitar todo esquecimento e estar sempre vigilantes, na obediência, para não cair em pecados. O segundo trata de querer somente que se faça a vontade do Senhor em nós. Já o terceiro e o quarto graus nos orientam para a obediência e que suportemos com paciência todas as injúrias e as ofensas, como fez o Senhor, seus apóstolos e os santos. O quinto nos pede para revelar os maus pensamentos ao abade (superior) e dele receber as devidas orientações. O próximo grau da humildade consiste que o monge esteja contente e sóbrio com qualquer situação extrema que tenha de enfrentar. Já o sétimo deseja que nos sintamos inferiores a todos, pautando a nossa vida pelos mandamentos de Deus. O oitavo e o nono graus consistem em que o monge nunca se afaste dos ensinamentos da Regra e que preserve a língua de dizer besteira, orientando-se assim para o silêncio. O décimo e o undécimo graus se complementam; ou seja, ensinam que o religioso (cristão) não deve ser fácil ao riso, mas que fale suavemente, com gravidade e poucas palavras, sem elevar a voz. Finalmente, "o duodécimo grau da humildade consiste em que não só no coração tenha o monge a humildade, mas a deixe transparecer, sempre, no próprio corpo aos que o veem" (RB 7,62).

Pela humildade chega-se à glorificação

OREMOS: Senhor Jesus Cristo que vos humilhastes, da encarnação até a morte de cruz, dai-nos que sigamos o vosso exemplo para que possamos ressuscitar para a glória. Assim seja.

12
Obedecer como o Senhor

> *Mas essa mesma obediência somente será digna da aceitação de Deus e suave aos homens se o que é ordenado for executado sem tremor, sem delongas, sem tibieza, sem murmuração e sem recusas. Porque a obediência prestada aos superiores é tributada a Deus. Ele próprio disse: "Quem vos ouve, a mim ouve". E convém que seja prestada de boa vontade pelos discípulos, porque "Deus ama aquele que dá com alegria"* (RB 5,14-16).

Jesus Cristo é o servo obediente ao Pai. Na noite extrema, véspera de sua paixão, estando no Getsêmani, naquele momento da agonia em que chegou a suar sangue, Ele rezou e pediu ao Pai para que lhe afastasse aquele cálice, mas que se submetia à vontade daquele que o enviou: "Pai, se queres, afasta de mim este cálice; entretanto, não seja feita a minha vontade, mas a tua" (Lc 22,42).

A obediência nos faz seguir o Senhor de perto e nos iguala às suas opções. A Sagrada Escritura também nos informa que o Menino Jesus era obediente a Maria e a José, e, com certeza, às normas judaicas.

São Bento nos ensina que obedecer é peculiar àqueles que julgam nada lhes ser mais caro do que o Cristo (cf. RB 5,2). Ele ainda afirma: "E esses, abandonando imediatamente os seus interesses e renunciando à própria vontade, desocupando logo as mãos e deixando inacabado o que faziam, seguem com seus atos, tendo os passos dispostos para a obediência, a voz de quem ordena. E, como que num só momento, ambas as coisas, a ordem recém-dada do mestre e a perfeita obediência do discípulo, são realizadas simultânea e rapidamente, na prontidão do temor de Deus" (RB 5,7-9).

Portanto, é pela obediência sem demora, realizada com amor e sem murmurações, que alcançaremos a bênção de Deus. Já a desobediência é a raiz de todo pecado. O diabo (aquele que divide, o acusador), que se opõe ao Espírito Santo, o nosso defensor, instiga o homem a se rebelar e a não se submeter à vontade de Deus. A única forma de sermos livres dessa maldição do pecado é nos submeter à vontade do Senhor, pois se pela desobediência dos nossos primeiros pais o pecado entrou no mundo, pela obediência de Jesus Cristo e nossa, somos redimidos, reconquistamos o paraíso perdido (cf. Rm 5,9).

Obedecer aos preceitos do Senhor

OREMOS: Ó Divino Espírito Santo, vinde nos socorrer do mal da desobediência! Iluminai as nossas mentes para que possamos ver claramente a vontade do Pai e, seguindo o exemplo do Filho, possamos obedecer à Lei do Senhor, que se manifesta através dos nossos pastores. Pelo mesmo Cristo Nosso Senhor. Amém.

13
Tolerar com paciência

> *Tolerem pacientissimamente suas fraquezas, quer do corpo, quer morais; rivalizem em prestar mútua obediência; ninguém procure aquilo que julga útil para si, mas, principalmente, o que o é para o outro; ponham em ação castamente a caridade fraterna* (RB 72,5-8).

No mundo hodierno a tolerância surge como um instrumento de fundamental importância na construção das relações interpessoais sadias e sólidas. Apresenta-se como um valor necessário para o equilíbrio da sociedade, pois quando esse bem é desconsiderado crescem as inimizades, e isso ameaça as relações com as pessoas, as políticas públicas e as instituições. A tolerância não poderá ser compreendida apenas como uma questão de governo, relacionada ao tratamento das religiões ou ideologias. É bem mais abrangente.

Um valor social e até mesmo religioso pode ser percebido diante de certas posturas de pessoas que enjaulam o pensamento e a própria opinião, e ali sedimentam sua maneira de ver os outros, estabelecendo uma rigidez difícil de ser quebrada. Tal rigidez pode se manifestar com relação a conceitos morais, na estreiteza de horizontes, na mediocridade de pensamentos, chegando-se a matar os diálogos para dar vez aos monólogos que geram o autoritarismo e fomentam discriminações. E isso é a base dos abusos de poder.

Bento coloca, ainda, diante do verbo tolerar um advérbio que provém do adjetivo paciente no grau superlativo absoluto sintético; ou seja, deseja dar ênfase ao ser paciente com aquelas fraquezas do corpo, como: velhice, Alzheimer, invalidez motora etc.; e com as morais: mentiras, falta de sinceridade, ciúmes, orgulho, invejas... Tudo isso para o bem do outro, pois é dessa maneira que se põe em ação a caridade fraterna.

Exercitar a paciência para seguir Jesus Cristo

OREMOS: Deus e Senhor nosso, que sois paciente e tolerante para conosco, sempre pronto a nos perdoar, fazei com que sejamos pacientes e tolerantes com todos aqueles que convivem conosco, para que, seguindo o exemplo de caridade fraterna do vosso Filho, Nosso Senhor Jesus Cristo, possamos chegar à vida eterna. Ele que vive convosco na unidade do Espírito Santo. Amém.

14
Sempre juntos

> *Nada absolutamente anteponha a Cristo, que nos conduz juntos para a vida eterna* (RB 72,11-12).

O Sl 132,1-3b nos diz: "Vede como é bom e suave os irmãos viverem juntos bem unidos. É como um óleo suave derramado sobre a fronte e que desce para a barba, a barba de Aarão, para correr até a orla do seu manto [...]. Pois ali derrama o Senhor a vida e uma bênção eterna". Vemos neste Salmo que estar juntos, bem unidos, é viver a unidade, e isto nos dá a vida e a bênção do Senhor. Jesus, em sua Oração Sacerdotal, proferida na véspera de sua paixão e morte, rezou ao Pai, fazendo-lhe este pedido: "Não rezo somente por estes, mas igualmente por aqueles que virão a crer em mim através da palavra deles, para que todos sejam um, Pai, como Tu estás em mim e eu em ti. Que eles também estejam em nós, para que o mundo creia que Tu me enviaste" (Jo 17,20-22). Estar juntos, portanto, é permanecer na unidade. São Paulo, quando trata da Igreja como Corpo de Cristo, ensina-nos sobre a importância da variedade sem perder a união dos membros, pois há muitos ministérios, carismas e atividades, mas é sempre o mesmo Senhor que age para o bem de todos (cf. 1Cr 12,5-7).

A Sagrada Eucaristia que recebemos em cada celebração da santa missa nos convoca para esta realidade. Tomamos juntos o mesmo alimento, o Corpo e o Sangue de Cristo, para formarmos um só corpo que é inseparável de sua Cabeça.

São Bento, no penúltimo capítulo de sua Regra, orienta-nos a vivenciar esse ideal que é fundamental para a vida comunitária. Ele deseja que os mosteiros sejam constituídos como famílias monásticas, daí a importância do voto de estabilidade que nos une para sempre àquela comunidade onde proferimos os votos perpétuos. Por isso também, o superior recebe o título de abade, por ser o pai dessa família religiosa na qual os seus membros professaram publicamente e por toda vida os mesmos ideais no seguimento de Cristo.

Por isso, ele, no cap. 1,13, apresenta os cenobitas[6] como o poderosíssimo gênero dos monges.

---

6 Os monges que vivem em comunidade e militam sob uma regra e um abade.

Juntos é que chegaremos ao céu

OREMOS: Ó Senhor Jesus Cristo, que sois a cabeça da Igreja, vinde socorrer a todos nós, vossos membros, a fim de que, mesmo diante das fraquezas, encontremos força uns nos outros para não cairmos em tentações e, juntos, chegarmos como irmãos ao cume da perfeição e à convivência eterna na pátria celeste. Vós que sois Deus com o Pai na unidade do Espírito Santo. Amém.

15
Todos são iguais

*Que não seja feita por ele
distinção de pessoas no mosteiro
(RB 2,16).*

*Dissemos que todos fossem
chamados a conselho porque muitas
vezes o Senhor revela ao mais moço
o que é melhor (RB 3,3).*

Fomos feitos pelo mesmo criador na igualdade para a convivência fraterna. Jesus Cristo, nosso Irmão e Salvador, ao nos revelar que Deus é o Pai nosso, tirou toda a perspectiva de privilégios e desigualdade social. Somos, portanto, irmãos e devemos viver na fraternidade, tendo como modelo a comunidade primitiva de Jerusalém: "A multidão dos fiéis era um só coração e uma só alma.

Ninguém dizia que eram suas as coisas que possuía, mas tudo entre eles era comum [...]. Nem havia entre eles nenhum necessitado, porque todos os que possuíam terras e casas vendiam-nas e depositavam o valor do que tinham vendido aos pés dos apóstolos. Repartia-se então a cada um deles conforme a sua necessidade" (At 4,32.34-35). A expressão que brota da Sagrada Escritura, *um só coração e uma só alma*, é muito forte e nos impulsiona para a verdadeira igualdade.

Portanto, para Deus, somos todos iguais. Ele é imparcial, não julga pela aparência e nem pela condição social. Por meio de seu Filho, Nosso Senhor Jesus Cristo, que na cruz verteu o seu sangue por todos nós, tornou-nos um só povo nas mesmas condições de igualdade.

Na Sagrada Escritura encontramos com clareza algumas expressões que demonstram esta verdade: "Não há judeu nem grego, escravo nem livre, homem nem mulher, pois todos são um em Cristo Jesus" (Gl 3,28). "O rico e o pobre têm isso em comum: o Senhor é o criador de ambos" (Pr 22,2). "Então Pedro começou a falar: 'Agora percebo verdadeiramente que Deus não faz distinção de pessoas'" (At 10,34).

O abade do mosteiro, portanto, deverá tomar esta premissa como norma e tratar todos os membros da comunidade monástica com igualdade, mesmo que tenha de fazer as devidas adaptações aos variados temperamentos, pois está ali para conduzir todos, sem exceção, para a santidade. É por isso que São Bento pede que ele esteja atento ao conselho dos irmãos mais jovens, pois o Senhor também pode revelar a estes o que for melhor.

O dom da fraternidade

OREMOS: Ó Divino Espírito Santo, que na variedade dos dons realizais a igualdade entre as pessoas e as mantendes na unidade. Dai-nos a graça da humildade para que possamos nos sentir, de coração, iguais a todos os irmãos e com eles caminharmos juntos para a vida eterna. Amém.

16
O valor do trabalho

> A ociosidade é inimiga da alma;
> por isso, em certas horas devem
> ocupar-se os irmãos com trabalho
> manual e em outras horas com a
> Lectio Divina (RB 48,1).

São Bento inicia o capítulo sobre o trabalho manual cotidiano evocando o vocábulo "ociosidade". Realmente, não ter o que fazer leva ao pecado: maus pensamentos, falar dos outros, gula, falta de disciplina.

No início o trabalho foi colocado para o homem como consequência do pecado: "A terra produzirá espinhos e ervas daninhas, e tu terás de comer das plantas do campo. Com o suor do teu rosto comerás o teu pão, até que voltes ao solo, pois da terra foste formado; porque tu és pó e ao pó da terra retornarás!" (Gn 3,18-19). Mas, com a encarnação do Verbo de Deus, o trabalhador da carpintaria de Nazaré, o trabalho ganhou uma nova dignidade, já evocada como bênção no Sl 127,2: "Do trabalho de tuas mãos comerás, serás feliz e tudo irá bem". Portanto, com o nosso trabalho cotidiano completamos o que falta à obra da criação. Estamos constantemente aperfeiçoando-a.

Bento orienta para o equilíbrio entre o trabalho manual e o intelectual. O primeiro se relaciona às atividades dos artistas; ele orienta que os artistas do mosteiro executem a sua arte com toda humildade (cf. RB 57,1). Liga-se também ao trabalho da cozinha, dos jardins, da horta, rouparia, limpeza, sacristia etc. Já o trabalho intelectual por excelência é a *Lectio Divina*[7], que favorece uma oração com mais qualidade, mas também os estudos nas diversas áreas do saber.

No cap. 48 da RB, que trata do trabalho, ele apresenta as horas do dia bem divididas a partir dos tempos litúrgicos como Quaresma, Páscoa, e o dia 14 de setembro, que é a Festa da Exaltação da Santa Cruz. Essas celebrações marcam a primavera e o verão no hemisfério norte[8], no qual os dias são mais longos, fazendo com que Bento dedicasse momentos maiores para a leitura e às vezes menores para o trabalho manual, e vice-versa.

---

7 Leitura espiritual da Sagrada Escritura, dos Padres e Magistério da Igreja, vida dos santos, obras de espiritualidade...

8 Para nós do hemisfério sul: outono e inverno.

O importante a observar é o seu desejo para nos livrar da ociosidade, que sempre atrapalha o crescimento espiritual. Por isso mesmo assevera disciplinarmente: "Também no domingo entreguem-se todos à leitura, menos aqueles que forem designados para os diversos ofícios. Se, entretanto, alguém for tão negligente ou relaxado, que não queira ou não possa meditar ou ler, seja-lhe determinado um trabalho que possa fazer, para que não fique à toa" (RB 48,22-23).

Trabalhando completamos a criação

OREMOS: Deus, Pai de misericórdia, enviastes o vosso Filho ao mundo para ser um trabalhador, e assim dar nova dignidade a todos os homens e mulheres, que pelo trabalho tiram o seu sustento e contribuem para completar a sua obra criadora. Fazei com que todos saibam equilibrar o trabalho manual e intelectual para o crescimento interior. Amém.

17
A arte e as emoções

> *Se há artistas no mosteiro,
> que executem suas artes com
> toda a humildade, se o abade
> o permitir. E se algum dentre
> eles se ensoberbece em vista do
> conhecimento que tem de sua arte,
> pois parece-lhe que, com isso,
> alguma vantagem traz ao mosteiro,
> que seja esse tal afastado de sua
> arte e não volte a ela, a não ser
> que, depois de se ter humilhado, o
> abade porventura o ordene de novo*
> (RB 57,1-3).

Toda arte se identifica mais com as emoções do que com a razão, pois se relaciona com o belo. Deus é a pura beleza porque nele tudo está em proporção, harmonia e equilíbrio; Ele é a medida certa das coisas. Nossas produções estéticas revelam, portanto, o Criador. A beleza, ao longo da história, relaciona-se à ordem, à harmonia e à proporcionalidade. Com relação às figuras humanas, ressalta as suas formas perfeitas, a força física, virilidade, a unidade entre o corpo e o espírito.

Geralmente, os artistas nas comunidades monásticas produzem o belo nos paramentos e outras alfaias litúrgicas, círios pascais, iconografia, culinária (bolos, biscoitos, licores...). Devemos nos lembrar de que as produções artísticas são entrelaçadas com a oração do dia a dia monástico, e por isso ganham um "sabor" diferenciado. Deus esteve presente durante este trabalho que, nessas condições, também é um fruto do Espírito. É por isso que São Bento orienta que seja feito com toda humildade, sem soberba, para o bem do próprio espírito e daqueles que vão adquiri-lo, para ajudar financeiramente o mosteiro.

Com relação a este aspecto comercial, ele ensina que se cuidem para que não sejam cometidas fraudes nas vendas, a fim de não receberem na alma o mesmo destino mortal de Ananias e Safira. E, ainda, com relação aos preços, Bento exorta que se corte todo o mal da avareza, mas que se venda mais barato do que pode ser vendido pelos seculares (cf. RB 57,4-8).

Contemplar o Senhor pela expressão artística

ORemos: Deus eterno e onipotente, sois a beleza infinita e que nos destes a graça de criar o belo sob a vossa inspiração. Aumentai em nós o espírito de humildade a fim de que, ao produzirmos obras de arte na vossa casa, possamos crescer na vida espiritual e ajudar os outros a chegarem a Vós através da contemplação da vossa Palavra expressa nas variadas formas artísticas, "ó Beleza antiga e sempre nova"[9]. Amém.

---

9 Cf. Santo Agostinho.

18
Cultivar a leitura

> *Nos dias da Quaresma, porém, da manhã até o fim da hora terceira, entreguem-se às suas leituras, e até o fim da décima hora trabalhem no que lhes for designado. Nesses dias de Quaresma, recebam todos respectivamente livros da biblioteca e leiam-nos pela ordem e por inteiro. Esses livros são distribuídos no início da Quaresma* (RB 48,14-16).

São Bento demonstra, em toda a sua Regra, grande apreço pela leitura; sobretudo aquela espiritual que faz a alma aproximar-se de Cristo. Estabelece que o dia monástico seja permeado de leituras e, ainda, com mais veemência, no tempo forte de preparação para a Santa

Páscoa, a Quaresma. Ele diz, aliás, que a vida do monge deve ser, em todo tempo, uma observância quaresmal, mas como nem todos têm essa força, aconselha que, pelo menos nestes santos dias, se apaguem as negligências dos outros tempos. "E isso será feito dignamente se nos preservamos de todos os vícios e nos entregamos à oração com lágrimas, à leitura, à compunção do coração e à abstinência" (RB 49,4).

A leitura, portanto, não é somente uma mera decodificação de uma sequência linguística, mas um processo contínuo de produção de sentidos que aciona, o tempo todo, conhecimentos prévios e compartilhados com o autor. Assim, o ato de ler vai tomando forma, também, a partir das entrelinhas, daquilo que está implícito, seja em forma de pressupostos ou mesmo de subentendidos. O verdadeiro ato de ler é esse diálogo que se estabelece com o autor — no caso das Sagradas Escrituras, o próprio Deus — mediado pelo texto que, por sua vez, possui uma intenção, uma informação, numa determinada situação histórica que agora é vista no presente do leitor, a partir de suas experiências. É nesse momento que se chega à interpretação e à consequente mensagem que vai contribuir para a transformação interior — no caso, as obras de espiritualidade —, pois as científicas têm outra finalidade: contribuir para o progresso da ciência que vai melhorar a qualidade de vida dos seres humanos.

A leitura é tão fundamental no cotidiano dos mosteiros, que nosso pai São Bento ainda dedicou um capítulo aos leitores da semana que leem no refeitório enquanto os monges tomam as refeições. Ele diz: "Às mesas dos irmãos não deve faltar a leitura nem deve ler aí quem quer que, por acaso, se apodere do livro, mas sim o que vai ler durante toda a semana, a começar do domingo" (RB 38,1). Ele institui até mesmo uma bênção litúrgica, no oratório, para aqueles que iniciam essa função; antes, porém, deverá repetir por três vezes a seguinte jaculatória: "Abri, Senhor, os meus lábios, e minha boca anunciará o vosso louvor" (RB 38,3b), que é uma citação do Sl 50.

Vejamos como, para Bento, a leitura é importante na vida do monge e de todo cristão, ainda nos dias de hoje. E nunca nos esqueçamos de que "a ociosidade é inimiga da alma" (RB 48,1).

Para adquirir unção com as boas leituras

OREMOS: Nosso Senhor Jesus Cristo, vinde nos socorrer e despertar dentro de nós o desejo de nos ocuparmos com a boa leitura, para que possamos crescer interiormente, alimentar o nosso espírito e cultivar o silêncio, pois assim saberemos que ficaremos constantemente na vossa presença. Amém.

19
A teologia do zelo bom

> *Assim como há um zelo mau, de amargura, que separa de Deus e conduz ao inferno, também há o zelo bom, que separa dos vícios e conduz a Deus e à vida eterna* (RB 72,1-2).

O zelo compreende cuidado e dedicação especial que se tem por alguém ou alguma coisa. Na Bíblia, este atributo também é dado a Deus, que preserva a sua santidade por toda a eternidade e sua diligência para com a humanidade. Assim como Ele, devemos ser zelosos por suas coisas e obedecer à sua vontade.

Jesus demonstrou esse zelo pelas coisas de Deus quando expulsou os cambistas e comerciantes do Templo (cf. Jo 2,12-17). Os discípulos lembraram logo do Sl 69,9, no qual foi profetizado que o Messias sentiria um zelo extremado pela Casa do Senhor, pois fazer da fé e da adoração a Deus um negócio é totalmente reprovável.

São Paulo nos adverte: "Não sejais descuidados do zelo; sede fervorosos no espírito. Servi ao Senhor" (Rm 12,11). E, ainda: "Porque bem sei a prontidão do vosso ânimo, da qual me glorio de vós para com os macedônios; para a Acaia está pronta desde o ano passado; e o vosso zelo tem estimulado a muitos" (2Cor 9,2).

Podemos dizer, portanto, que é a teologia do cuidado, tão falada, sobretudo neste tempo de pandemia do novo Coronavírus. É preciso se cuidar e ter cuidado com os outros, e isto acontece no exercício da solidariedade na qual todos fazem a sua parte, sem egoísmos, tendo em vista o bem comum.

Para Bento, é este zelo bom que nos conduz a Deus! Ele nos exorta a exercê-lo com amor ardente, pondo em ação a caridade fraterna, a tolerância, a obediência mútua, a humildade e, o que é mais importante: nada antepondo a Cristo, pois é Ele quem nos conduz JUNTOS para a vida eterna, a nossa meta.

Para cultivar o bom zelo

OREMOS: Ó Divino Amor que nos conduzis à santidade, dai-nos os vossos sete dons e nos concedais também o zelo bom, para que nos separemos dos vícios e de todo pecado, a fim de que, pondo em prática as boas obras, cheguemos juntos à vida eterna, onde se encontra Cristo à direita do Pai. Amém.

20
Assiduidade e pontualidade

[...] E, dado o sinal pelo superior, levantem-se todos ao mesmo tempo (RB 20,5b).

Em tempo de inverno – isto é, de primeiro de novembro até a Páscoa –, em consideração ao que é razoável, devem os monges levantar-se à oitava hora da noite, de modo que durmam um pouco mais da metade da noite e se levantem já feita a digestão (RB 8,1-2).

Na hora do Ofício Divino, logo que for ouvido o sinal, deixando tudo que estiver nas mãos, corra-se com toda pressa, mas com dignidade, para que a escurrilidade não encontre incentivo (RB 43,1-2).

No mosteiro é de fundamental importância a assiduidade; ou seja, a constância na oração e nas outras atividades comuns e individuais da vida cenobítica[10], como também, a pontualidade.

Esta disciplina é útil em todas as esferas da vida, pois organiza e equilibra o nosso ser. Podemos dizer que São Bento de certo modo organiza o dia monástico da seguinte maneira: oito horas de oração e leitura; oito horas de trabalho e oito horas de repouso. E, para que esse ritmo atinja sua meta é fundamental a vigilância com relação aos horários e à continuidade das ações. Por isso, ele não admite atrasos, sugerindo que os atrasados sentem no último lugar, para que se emendem.

Bento sugere a mesma regra aos que se atrasam à mesa comum, obrigando-os a fazerem a refeição a sós, depois dos outros.

Vale ressaltar que também no âmbito empresarial esses valores se fazem necessários para dar credibilidade aos trabalhadores e, consequentemente, às empresas.

Um profissional assíduo e pontual demonstra o seu compromisso e respeito pelos colegas e pela hierarquia institucional, inspirando confiança e capacidade na gestão do tempo. Daí a importância do planejamento, de modo a não prejudicar as suas próprias atividades

---

10 Vida comunitária.

com atrasos e saídas fora de hora, podendo atrapalhar, também, o trabalho dos outros.

A Palavra de Deus nos ensina que para tudo há um tempo determinado: "Tempo para plantar, tempo para arrancar e tempo para colher o que plantou" (Ecl 3,2).

A disciplina e a responsabilidade favorecem a vida espiritual e profissional, como também as relações interpessoais.

Sempre prontos para rezar

OREMOS: Senhor Deus de amor, que nos ensinais a estarmos sempre lembrados e a evitarmos todo esquecimento, fazei com que sejamos pontuais e assíduos na oração e no trabalho, contribuindo com o que falta à vossa criação. Amém.

21
Livrai-nos, Senhor, da ociosidade

> *[...] Em certas horas devem ocupar-se os irmãos com o trabalho manual, e em outras horas com a* Lectio Divina. *Pela seguinte disposição cremos poder ordenar os tempos dessas duas ocupações* (RB 48,1b-2).

Mesmo já tendo apresentado anteriormente o mal da ociosidade como um obstáculo ao crescimento espiritual, achamos por bem, ainda, refletir sobre a temática, pois vemos que o tema aparece muitas vezes nas entrelinhas da Regra Beneditina.

Nos versículos acima São Bento utiliza semanticamente, por duas vezes, a expressão estar ocupado, como verbo e substantivo. Isso porque ele está cônscio daquilo que as Sagradas Escrituras ensinam e desejoso de que os seus seguidores caminhem sem demora para o Senhor, evitando, assim, todo percalço que venha atrapalhar o espírito na busca de Deus. São Paulo detesta o ócio. Ele nos ensina: "Irmãos, em nome de Nosso Senhor Jesus Cristo nós ordenamos que se afastem de todo irmão que vive ociosamente e não conforme a tradição que recebeu de nós. Pois vocês mesmos sabem como devem seguir o nosso exemplo, porque não vivemos ociosamente quando estivemos com vocês, nem comemos coisa alguma à custa de ninguém. Ao contrário, trabalhamos arduamente e com fadiga, dia e noite, para não sermos pesados a ninguém. Ouvimos que alguns de vocês estão ociosos; não trabalham, mas andam se intrometendo na vida alheia. A tais pessoas ordenamos e exortamos no Senhor Jesus Cristo que trabalhem tranquilamente e comam o seu próprio pão" (2Ts 3,6-8.11-12).

Bento também ensina que são verdadeiros monges se comem do trabalho de suas mãos (cf. RB 48,8), pois ninguém deve se entristecer com o trabalho, já que este nos dá uma nova dignidade. Não ter nada para fazer leva-nos às fofocas, como nos disse São Paulo acima, e às ocasiões para outros tipos de pecado, já que "o servo do Senhor não pode amar a ociosidade, sob pena de abrigar a concupiscência, que dá luz ao pecado, que, uma vez consumado, gera a morte" (Tg 1,15). E, ainda, no Evangelho de São João: "Meu Pai trabalha até agora, eu trabalho também" (Jo 5,17). Por isso, livrai-nos, ó Senhor, da ociosidade!

O trabalho nos livra da ociosidade

OREMOS: Senhor Jesus Cristo, que trabalhastes na carpintaria de Nazaré com o vosso pai adotivo, São José, contribuindo para suprir as necessidades familiares, fazei que trabalhemos sem murmurar para o nosso sustento e ajudar os nossos irmãos mais necessitados. Amém.

22
Cultivar o despojamento

> *Especialmente este vício deve ser cortado do mosteiro pela raiz; ninguém ouse dar ou receber alguma coisa sem ordem do abade nem ter nada de próprio, nada absolutamente, nem livro, nem tabuinha, nem estilete, absolutamente nada, já que não lhes é lícito dispor (livremente) nem do próprio corpo nem da (própria) vontade; porém, todas as coisas necessárias devem esperar do pai do mosteiro, e não seja lícito a ninguém possuir o que o abade não tiver dado ou permitido (RB 33,1-5).*

O despojamento é próprio daqueles que querem seguir o Cristo de perto, pois Ele, sendo Deus, despojou-se de tudo e, assumindo a nossa condição humana, humilhou-se e se fez obediente até a morte de cruz. Por isso Deus o exaltou e lhe deu um nome que está acima de todo nome (cf. Fl 2,1-11).

Esse despojar-se se assemelha ao conselho evangélico da pobreza que professamos em forma de votos públicos, sobretudo as ordens religiosas mais modernas; ou seja, a partir de São Francisco de Assis e São Domingos. Nós, beneditinos, não fazemos explicitamente este voto, mas ele está posto na RB, dentro do voto de Conversão dos Costumes, que é a nossa promessa de seguir a Regra no cotidiano monástico, juntamente com a castidade consagrada. "Amar a castidade" (RB 4,64).

Portanto, devemos cortar pela raiz este mal da propriedade para estarmos mais livres para Deus, já que no final das contas, quando formos chamados para a eternidade, somente ficaremos nós e Ele.

Os bens materiais acumulados só atrapalham. Deve-se ter o necessário para se viver e envelhecer com dignidade. São Bento não se incomoda que o mosteiro, enquanto instituição, tenha suas posses, inclusive para ajudar os pobres e os peregrinos. A sua preocupação maior é com o ser do monge, pois este deverá se manter livre de tudo o que é material para que possa caminhar para Deus.

Infelizmente, observa-se que os bens materiais trazem discórdias entre as famílias, que se dividem com brigas de herança nos inventários, através de advogados, cartórios, audiências, insultos, más palavras, e a unidade é rompida. Jesus nos ensina que devemos acumular tesouros para o céu: "Não ajunteis para vós tesouros na terra, onde a traça e a ferrugem os consomem, e os ladrões os roubam; mas ajuntai para vós tesouros no céu, onde nem a traça nem a ferrugem os consomem e nem os ladrões roubam" (Mt 6,19-20).

O desapego nos torna livres para Deus

OREMOS: Senhor Deus de amor, nossa meta é chegar, em plenitude, até ti. Sabemos que o apego às coisas materiais atrapalha o nosso caminho nesta busca. Por isso, pedimos a graça do despojamento, para que estejamos sempre livres de tudo o que é material e possamos correr ao teu encontro com o coração dilatado. Amém.

23
Perdoar como Jesus

> *Voltar à paz, antes do pôr do sol, com aqueles com quem teve desavença* (RB 4,73).

Este versículo da Regra de São Bento faz parte do cap. 4, intitulado: Quais são os instrumentos das boas obras. Evoca, portanto, o que é fundamental para o seguimento de Jesus Cristo e o que Ele tanto nos pede em seu Evangelho: devemos nos perdoar mutuamente para recebermos o perdão do Pai. Aliás, na oração do Pai-nosso é o quinto pedido: "Perdoai as nossas ofensas, assim como nós perdoamos a quem nos ofendeu [...]" (Mt 6,11).

Certa vez, Pedro perguntou a Jesus quantas vezes se devia perdoar o irmão: "'Senhor, quantas vezes devo perdoar se meu irmão pecar contra mim? Até sete vezes?' Jesus respondeu: 'Não te digo até sete vezes, mas até setenta vezes sete'" (Mt 18,21). Jesus deseja, portanto, que perdoemos sempre e não guardemos rancor; ou seja, não devemos ficar remoendo o que foi perdoado, pois o Pai age assim conosco: Ele nos perdoa, acolhe-nos com amor misericordioso e esquece.

Bento sabe o quanto é difícil a convivência entre as pessoas, e sobretudo aquelas que residem por toda a vida no cenóbio[11]. Pois, mesmo sendo seres humanos unidos pelos laços da fé e o mesmo ideal, a busca de Deus, sem laços sanguíneos, as dificuldades nas relações interpessoais são grandes e precisam ser fortalecidas pelos instrumentos da Palavra de Deus, dos sacramentos e orientações da regra dos mosteiros. Daí a importância de se voltar à paz antes do pôr do sol com aqueles com quem teve desavença; isto para que a desavença não vire uma parede que se transforme em muros e pedras, e assim, seja mais difícil de romper.

Jesus nos deu o exemplo de perdão quando estava no patíbulo da cruz. Lá, Ele perdoou aqueles que o puseram no madeiro: "Pai, perdoa-lhes, pois não sabem o que fazem" (Lc 23,34). E, ainda, quando se dirigiu ao ladrão arrependido: "Em verdade te digo, hoje mesmo estarás comigo no Paraíso" (Lc 23,43).

---

11 O mesmo que mosteiro, convento.

Que possamos trabalhar o nosso interior com estas palavras do Senhor, para estarmos sempre prontos a perdoar, sobretudo aqueles que nos fizeram mal.

Aprender a perdoar de coração

OREMOS: Senhor, Jesus Cristo, que nos ensinastes a perdoar os inimigos, dai-nos a graça de sermos cada vez mais caridosos para com o nosso próximo, exercendo a misericórdia com aqueles que nos ofenderam, pois sabemos que, com a vossa graça, tudo poderemos fazer. Amém.

24
Optar pela verdade

> *Proferir a verdade de coração e de boca* (RB 4,28).

Optar pela verdade é se opor ao tentador. Sabemos como satanás nos cerca, esperando uma pequena distração de nossa parte. São Pedro nos adverte: "Sede sensatos e vigilantes. O diabo, vosso inimigo, anda ao redor de vós como leão, rugindo e procurando a quem devorar. Resisti-lhe, firmes na fé" (1Pd 5,8-9a). Ele é o pai da mentira e o grande sedutor. Mas nós o venceremos com as armas da fé e dos sacramentos.

Nosso Senhor Jesus Cristo, que é o Caminho, a Verdade e a Vida, ensina-nos a segui-lo de perto na busca dos mesmos ideais. Se mentirmos, opomo-nos à verdade e passamos para o lado do tentador, que prega a falsidade. A verdade sempre liberta, já o egoísmo nos aprisiona, escraviza e destrói.

Jesus, muitas vezes, mostrou a necessidade de se dizer a verdade como requisito para sermos seus verdadeiros seguidores. Permanecendo na sua Palavra seremos considerados seus discípulos, conheceremos a verdade e ela nos libertará (cf. Jo 8,31-32). São Paulo também nos orienta a buscarmos tudo o que é verdadeiro e honesto, tudo o que é justo, puro e amável (cf. Fl 4,8).

São Bento deseja que a verdade seja proferida de modo solene e com todo o ser (corpo, mente e espírito), na sua integralidade. A expressão de coração e de boca quer dizer isto: que a mente concorde com a voz e, sobretudo, que esta postura seja uma constante na práxis da vida do monge e de todo cristão que deseja seguir o Evangelho na radicalidade.

Não podemos esquecer que toda mentira é mentira; portanto, não existem mentirinhas. Sempre devemos dizer a verdade. Estas são realidades antagônicas, um paradoxo, sendo que devemos fazer cotidianamente esse exercício espiritual, tendo a Palavra de Deus como alimento, pois ela nos dará forças para conseguirmos pautar a nossa vida nesta direção. Diz-nos o salmista: "Quem é o homem que deseja a vida, que quer longos dias para viver bem? Guarda a tua língua do mal e os teus lábios de falarem a mentira" (Sl 34,12-13).

Optar pela Verdade, que é o próprio Cristo

OREMOS: Senhor Jesus Cristo, que sois o Caminho, a Verdade e a Vida, dai-nos a graça de estar sempre ao vosso dispor, pois com esta atitude de entrega à vossa vontade poderemos seguir-vos pelos caminhos da verdade, proferindo-a de coração, de boca e através das nossas atitudes. Amém.

25
Quando coopero

*Que os irmãos se sirvam
mutuamente e ninguém seja
dispensado do ofício da cozinha,
a não ser no caso de estar alguém
doente ou ocupado em assunto
de grande utilidade; pois por
esse meio se adquire maior
recompensa e caridade. Para os
fracos arranjem-se auxiliares,
a fim de que não o façam com
tristeza; ainda conforme o estado
da comunidade, e a situação
do lugar, que todos tenham
auxiliares. Os demais se sirvam
mutuamente na caridade*
(RB 35,1-4.6).

*Rivalizem em prestar mútua
obediência* (RB 72,6).

A cooperação é importante em todos os tempos, pois evoca o ideal da convivência cristã de estar juntos, em comunhão. Jesus rezou neste sentido na noite em que foi entregue, para que todos sejam um (cf. Jo 17,21). Portanto, na convivência humana, a atitude altruísta tem grande importância, uma vez que se opõe ao egoísmo. A família é a primeira célula na qual se aprende a doação, estar à disposição do outro. Os pais que realmente assumem esta função são os primeiros a contribuírem para uma formação sólida em relação aos filhos, tanto pela palavra quanto pelo exemplo.

No seio da Igreja, os laços são mais espirituais do que sanguíneos, e por isso mesmo deverão ser solidificados na fé e no amor a Jesus Cristo, que em tudo coopera para o bem de todos, sem exclusões. Tudo coopera para o bem daqueles que amam a Deus, daqueles que são chamados conforme a sua vontade (cf. Rm 8,28). Assim, em uma paróquia, por exemplo, ou comunidade religiosa, todos devem cooperar para o bem do conjunto. Nada de individualismos!

Já no mundo do trabalho, ser cooperativo é estar atento àquilo que é preciso fazer com sucesso, oferecendo os conhecimentos e colocando os talentos a serviço do grupo, sabendo suprir as necessidades na hora e locais certos. Cooperar, portanto, significa saber como contribuir para alcançar um objetivo comum. Para isso é preciso pensar, planejar e agir juntos. Um deve complementar o que falta ao outro, e quando os problemas surgem, as soluções são mais facilmente encontradas, já que o foco está nas metas a serem alcançadas, e nunca nos erros cometidos. Aliás, os erros deverão ser vistos, pelo grupo, de maneira otimista, sempre como uma tentativa de acerto, devendo ser assumidos e superados com espírito de equipe.

Portanto, no mosteiro e no cotidiano de todas as atividades humanas, o serviço deve ser mútuo; ou seja, um deve procurar o que é bom para o outro e antecipar-se com solicitude para o bem comum, pois, quando cooperamos, somos mais felizes!

O dom da cooperação

OREMOS. Deus, Pai onipotente, na unidade da Santíssima Trindade, sois um único Deus em Três Pessoas que cooperam umas com as outras. Fazei com que todos nós possamos estar sempre abertos às necessidades dos irmãos e nos servirmos mutuamente. Amém.

26
Viver de amor

E faça prevalecer sempre a misericórdia sobre o julgamento, para que obtenha o mesmo para si. Odeie os vícios, ame os irmãos. E se esforce para ser mais amado do que temido (RM 64,10-11.15).

Ame ao seu abade com sincera e humilde caridade (RB 72,10).

Temos, nas citações acima, dois movimentos, um que parte do abade para a comunidade e outro que brota dos irmãos para o abade. O importante é que em ambos se veja com clareza a importância que São Bento dá à vivência do amor, pois este é o resumo do Evangelho. Seremos verdadeiros seguidores de Jesus Cristo se nos amarmos uns aos outros. Como sabemos, Ele nos deixou este mandamento como seu testamento na noite em que foi entregue por amor a cada um de nós. Ele falou logo após Judas Iscariotes ter deixado o recinto da Última Ceia: "Filhinhos, só por pouco tempo estarei convosco. Eu vos dou um novo mandamento: que vos ameis uns aos outros. Assim como eu vos amei, amai-vos também uns aos outros. Todos saberão que sois meus discípulos se vos amardes uns aos outros" (Jo 13,33-35).

A prática concreta do amor se manifesta pela misericórdia e pelo perdão, que são características próprias dos cristãos. E esse perdão é sobretudo para aqueles que nos ofenderam, pois assim estaremos fazendo o mesmo que o Mestre ao perdoar os seus algozes estando já pregado na cruz.

Por isso, no mosteiro, o perdão mútuo deve acontecer antes do pôr do sol, para que o dia seja concluído com todos em paz e a caridade fraterna prevaleça.

As famílias também devem seguir este ideal beneditino, pois o exercício da caridade é transformador, tanto internamente, na relação pais e filhos, mas também na prática de um amor que transborda para o mundo exterior, nas situações de acolhimento, na tentativa de aliviar os sofrimentos dos outros, participando de obras voluntárias, sempre tendo o Senhor diante dos olhos, com o desejo de construir um futuro melhor, assim como fizeram e continuam fazendo os filhos de São Bento na sua busca constante de Deus.

Santa Terezinha do Menino Jesus, no inquietante desejo de encontrar a sua vocação, finalmente descobriu que no coração da Igreja, a sua Mãe, seria o *amor*. Com inspiração em seus escritos temos o poema: "Viver de amor é dar sem medida / sem aqui na terra salário reclamar. / Sim eu dou, pois convencida, / de que quem ama não sabe calcular. / Viver de amor é banir todo temor / das lembranças do passado. / De minhas culpas, vestígio algum eu vejo. / Num só instante o amor, tudo queimou[12].

Isto é a vivência do cristianismo na prática!

Para viver de amor no perdão

OREMOS: Ó Senhor Jesus, que sois amor sem limites, nos ensinais a prática da misericórdia e do perdão, pois, mesmo antes de apresentar qualquer oferta, devemos nos reconciliar com os irmãos. Dai-nos a graça de vivermos de amor, pois só assim estaremos seguindo os vossos passos e conquistando a salvação. Vós que sois Deus na unidade do Espírito Santo. Amém.

---

12 Disponível em https://www.google.com/search?q=viver+de+amor+%C3%A9+dar+sem+medida&rlz=1C1GCEU_pt-BRBR948BR948&oq=viver+de+amor+%C3%A9+dar+sem+medida&aqs=chrome..69i57.6497j0j7&sourceid=chrome&ie=UTF-8 – Acesso em 09/06/2021.

27
O valor da família

É sabido que há quatro gêneros de monges. O primeiro é o dos cenobitas; isto é, o monasterial, dos que militam sob uma regra e um abade [...]. Deixando-os de parte, vamos dispor, com o auxílio do Senhor, sobre o poderosíssimo gênero dos cenobitas (RB 1,1-2.13).

Seja, porém, o mosteiro, se possível, construído de tal modo que todas as coisas necessárias, isto é, água, moinho, horta e os diversos ofícios, se exerçam dentro do mosteiro, para que não haja necessidade de os monges vaguearem fora, porque de nenhum modo convém às suas almas (RB 66,6-7).

Nosso pai São Bento desejou que as comunidades monásticas fossem verdadeiras famílias; é por isso que o superior é chamado de pai (abade) e, de certo modo, goza de uma estabilidade na sua função, conduzindo almas para Deus. Com o voto de estabilidade: "No oratório, diante de todos, prometa o que vai ser recebido: a sua estabilidade, conversação de seus costumes e a obediência diante de Deus e de seus santos [...]" (RB 58.17-18a). Bento deseja que o novo monge faça parte para sempre daquela família de irmãos que o acolhe pela profissão perpétua. Portanto, o mesmo abade e a mesma comunidade; uma família.

É no seio dessa família religiosa que o monge executa as tarefas propostas pela Regra na busca da santidade, a fim de que todos cheguem, *juntos*, à vida eterna (cf. RB 72,12). Por isso, o legislador do monaquismo ocidental instituiu que tudo o que for necessário para o trabalho e a convivência esteja no recinto do mosteiro, para que se evite saídas desnecessárias que podem atrapalhar a harmonia da comunidade.

Na Bíblia, também vemos quão importantes são os laços familiares. Mas é sobretudo com o exemplo da Sagrada Família que este núcleo aprofunda seu fundamento. O Salvador nasceu no seio de uma família humana para nos entender e estabelecer o nosso resgate. Ele aprendeu com os pais a lei mosaica e a praticou;

portanto, um Homem religioso. Também estudou a arte da carpintaria e trabalhou com o seu pai adotivo, São José, para manutenção do lar, até iniciar a sua vida pública como Messias. Pela festa da páscoa, perdeu-se de seus pais em Jerusalém e ficou no Templo discutindo entre os doutores da Lei, inclusive ensinando-os sobre o essencial. Quando foi encontrado, diz-nos o Evangelho de São Lucas: "E desceu com eles para Nazaré, e era-lhes submisso. Sua Mãe, porém, guardava todas estas coisas no coração" (Lc 2,51). Portanto, Jesus era obediente a Maria e a José.

Exortamos todos os filhos a obedecerem aos seus pais, que os ensinam e corrigem por amor e pela experiência de vida. Assim, estarão prontos para as vicissitudes que encontrarem ao longo dos dias.

Rezar pelas famílias

OREMOS: Senhor Jesus Cristo, nosso Salvador, que fostes membro ativo da Sagrada Família de Nazaré, fazei com que todas as famílias do mundo sigam o vosso exemplo de zelo e obediência e, assim, amem e aprendam com os mais velhos, preparando-se para solucionar as dificuldades que possam aparecer ao longo da vida. Amém.

28
Quando corrijo o meu irmão

> *Cuide o abade com toda a solicitude dos irmãos que caíram em faltas, porque não é para os sadios que o médico é necessário, mas para os que estão doentes. Por isso, como sábio médico, deve usar de todos os meios: enviar simpectas, isto é, irmãos mais velhos e sábios que, em particular, consolem o irmão vacilante e o introduzam a uma humilde satisfação, consolem-no para que não seja absorvido por demasiada tristeza, mas, como diz ainda o Apóstolo, confirme-se a caridade para com ele, e rezem todos por ele* (RB 27,1-4).

Quando corrijo o meu irmão com caridade e perspicácia estou seguindo o Evangelho, e por isso ganho mais um para a grei do Senhor, pois Ele mesmo nos ensinou: "Se teu irmão pecar contra ti, vai e repreende-o a sós; se te ouvir, ganhaste o teu irmão. Mas, se não te ouvir, leva contigo um ou dois, para que pela boca de duas ou três testemunhas toda a palavra seja confirmada. E, se não as escutar, dize-o à Igreja; e, se também não escutar a Igreja, considera-o como um gentio e publicano" (Mt 18,15-17). Como vemos, a correção fraterna deverá ser feita, em primeiro lugar, com discrição, para evitar constrangimentos e exposições, à pessoa certa, e não a terceiros, para que se evite toda fofoca.

É nesta mesma linha de caridade que Jesus nos ensina, mediante a Parábola da Ovelha Perdida, que o Bom Pastor deixa as 99 ovelhas no pasto para ir em busca daquela que se desgarrou, e, quando a encontra, coloca-a nos ombros e cuida de suas feridas, devolvendo-a ao rebanho com festa (cf. Lc 15,4-7).

Neste sentido, São Bento deseja que se cuide dos irmãos que estão privados da comunhão da família monástica por terem cometido faltas. O abade (superior) deve tratá-los com todo o zelo, como o próprio Bom Pastor, enviando monges sábios e maduros para que os consolem e não se entristeçam, levando-os a reconhecerem as faltas e se converterem. Esta caridade deverá, também, ser exercida por toda a comunidade através da oração.

Bento tinha bem diante de seus olhos as parábolas da misericórdia proferidas por Jesus no Evangelho, pois continua, no mesmo capítulo que trata da solicitude, abordando o cuidado que se deve ter com o irmão "doente, excomungado, orientando-o para que se corrija, pois é sua função a cura das almas; chegando mesmo a citar a Parábola da Ovelha Perdida (cf. RB 27).

A correção fraterna

OREMOS: Deus, nosso Pai, sempre corrigistes o vosso povo ao longo da História da Salvação e ainda hoje continuais, pelos vossos sinais, a nos educar através dos vossos discípulos-missionários. Vinde em socorro da nossa fraqueza, perdoando-nos o que nos pesa na consciência e dando-nos a graça de sermos caridosos com aqueles que nos ofenderam. Amém.

29
Combater o mal da murmuração

Não ser murmurador (RB 4,39).

Antes de tudo, que não surja o mal da murmuração em qualquer palavra ou atitude, seja qual for a causa (RB 34,6).

O mal da murmuração deve ser cortado pela raiz em todos os contextos sociais, pois gera discórdia e o grupo se divide, perdendo-se a essência do cristianismo, que é a vivência comunitária. Eles viviam numa só fé, num só coração, numa só alma (cf. At 4,32).

No Antigo Testamento encontramos vários momentos em que o povo de Deus murmurou. No contexto do deserto, durante o trajeto de libertação do Egito para Canaã, murmurou contra Moisés e Arão. Quando teve sede disse: "Porque nos fizestes subir do Egito para matar nossa sede, a de nossos filhos e a de nossos animais" (Ex 17,3-4). "E aconteceu que, por estarem passando por muitas dificuldades, os israelitas começaram a se queixar a Deus" (Ex 11,1).

São Bento também traz esta temática no capítulo sobre a obediência, que é um voto fundamental para a identidade do religioso, daquele que deseja seguir Jesus conforme os conselhos evangélicos, pois nós obedecemos porque Cristo obedeceu, e por este caminho nos igualamos a Ele. Portanto, a obediência deve ser prestada sem demora e de bom grado. Bento nos ensina: "Mas essa mesma obediência somente será digna da aceitação de Deus, sendo suave aos homens, se o que é ordenado for executado sem tremor, sem delongas, sem tibieza, sem murmuração e sem recusas. Porque a obediência prestada aos superiores é tributada a Deus. Ele próprio disse: Quem vos ouve, a mim me ouve" (RB 5,14-15).

Em todos os setores da atividade humana este mal, que também se identifica com a fofoca, destrói as relações interpessoais sadias e sólidas. Difere, portanto, da correção fraterna, pois esta é feita com clareza, sem desvios e sempre com o desejo de construir, fazer pontes; isto porque o que deverá ser dito é colocado diante da pessoa que precisa ouvir, com as palavras certas e no momento adequado, de maneira muito discreta. A fofoca (murmuração), por outro lado, pode aumentar o episódio que, na maioria das vezes, chegará ao ouvido da pessoa de quem se fala com palavras distorcidas e, ainda, desprovida das devidas explicações.

Sigamos o exemplo de Nossa Senhora, que sempre guardava e meditava os fatos em seu coração, com toda discrição e olhar voltado para Deus. "Maria, contudo, observava silenciosa todos os acontecimentos e refletia sobre eles" (Lc 2,19).

Contra o mal da murmuração

OREMOS: Senhor Deus, envia a tua graça para os nossos corações, a fim de meditarmos sobre os fatos da vida com aquele olhar da fé que provém de ti e, assim, possamos agir com discrição, combatendo o mal da murmuração. Amém.

30
Respeito às diferenças

Repartia-se para cada um conforme lhe era necessário. Não dizemos, com isso, que deva haver acepção de pessoas, o que não aconteça, mas sim consideração pelas fraquezas, de forma que quem precisar de menos dê graças a Deus e não se entristeça por isso; quem precisar de mais, humilhe-se em sua fraqueza e não se orgulhe por causa da misericórdia que obteve (RB 34,1-4).

Também a alimentação de carnes seja concedida aos enfermos por estarem demasiadamente fracos, para que se restabeleçam, mas logo que tiverem melhorado abstenham-se todos de carnes, como de costume. Que tenha, pois, o abade o máximo cuidado

*em que os enfermos não sejam
negligenciados nem pelos
celeireiros nem pelos que lhes
servem* (RB 36,9-10a).

São Bento, no mosteiro, considera as diferenças com relação à fraqueza e às enfermidades, como também, pela capacidade de obedecer e a docilidade no seguimento da Regra. Esses últimos não precisam de punições porque já caminham bem, com os primeiros prevalece a misericórdia.

A pedagogia nos orienta que no processo de ensino e aprendizagem devem ser levados em conta os tempos dos alunos, como também os seus conhecimentos prévios e compartilhados. A partir disso é que o professor monta a sua intervenção didática elaborando um planejamento que seja real e tenha significado para o estudante, sempre o protagonista da ação educativa.

Segundo Jean Piaget, quando as crianças estão com mais ou menos 8 anos de idade, já têm capacidade de discutir valores morais presentes na sociedade e na família. Pois as características do bem e do mal já são conhecidas, assim como as diferenças abstratas; por exemplo, entre um ser humano e um robô. Nessa idade devem ser apresentadas às crianças aquelas situações comportamentais que necessitam ser postas em prática: os valores e o senso de equidade e igualdade. A apresentação de novas culturas e diferentes formas de ser e agir entre os seres humanos deve ser mostrada de maneira respeitosa, para que as crianças se posicionem de tal modo, que possam respeitar as diferenças dos seus semelhantes.

No contexto atual, outras diferenças são levadas em consideração; sobretudo porque o respeito e o amor que devemos nutrir com relação aos nossos semelhantes devem sempre prevalecer, como também o princípio maior: todos somos iguais diante de Deus e amados por Ele, daí a necessidade de nos adaptarmos aos diversos temperamentos, que só enriquecem a convivência humana.

Portanto, levar em conta as diferenças será sempre um ato de humanismo e de alteridade, características fundamentais do Evangelho de Jesus Cristo, que sempre incluiu os diferentes enquanto conviveu na nossa história de forma imanente[13].

Para valorizar as diferenças

OREMOS: Ó Senhor Jesus Cristo, que nos ensinastes a respeitar o próximo na sua individualidade, dai-nos a graça de seguir o vosso exemplo, acolhendo todos os irmãos com verdadeira caridade, em suas diferentes formas de ser e pensar. Amém.

---

13 Percebido concretamente pelos cinco sentidos. Jesus, agora, está presente na sua Igreja de maneira meta-histórica (transcendente), pela fé, através dos sacramentos, na Palavra...

31
Manter-se na unidade

> *Voltar à paz, antes do pôr do sol, com aqueles com quem teve desavença* (RB 4,73).

> *Que nos conduza juntos para a vida eterna* (RB 72,12).

Esses dois versículos da Regra de São Bento são fundamentais para que a comunidade monástica permaneça na unidade, como nos ensinou Jesus no seu discurso de despedida às vésperas de sua paixão e morte de cruz: "E não rogo somente por estes, mas também por aqueles que pela tua palavra hão de crer em mim; para que todos sejam um, como Tu, ó Pai, estás em mim e eu em ti; que também eles estejam em nós, para que o mundo creia que Tu me enviaste. Eu dei-lhes a glória que a mim me deste, para que sejam um, como nós somos um. Eu neles, e Tu em mim, para que eles sejam perfeitos na unidade e para que o mundo conheça que Tu me enviaste e que os tens amado, como me tens amado. Pai, aqueles que me deste quero que, onde eu estiver, também eles estejam comigo" (Jo 17,20-24a).

Jesus deseja, portanto, que vivamos constantemente a comunhão fraterna sem sair deste caminho da unidade. Entre os monges cenobitas é sempre juntos que tudo se faz: a oração, o trabalho, o repouso. São Bento nos diz: "Em comunidade, porém, a oração seja bastante abreviada, e dado o sinal pelo superior, levantem-se todos ao mesmo tempo" (RB 20,5). Com relação à maneira de dormir dos monges: "Se for possível, durmam *todos num mesmo lugar*; se, porém, o número não permitir, durmam em grupo de dez ou vinte, em companhia de monges mais velhos que sejam solícitos para com eles [...]. Levantando-se para o Ofício Divino *chamem-se mutuamente*, para que não tenham desculpas os sonolentos; façam-no, porém, com moderação" (RB 22,3.8). E, ainda, no que concerne ao trabalho longe do oratório: "Os irmãos que se encontram em um trabalho tão distante que não podem acorrer na devida hora ao oratório, e tendo o abade ponderado que assim é, *celebrem o Ofício Divino ali mesmo onde trabalham*, ajoelhando-se com temor divino" (RB 50,1-3).

Os verbos e expressões destacados acima deixam bem claro que a comunidade está sempre junta para rezar, trabalhar e descansar; portanto, em comum união, na UNIDADE.

São Paulo nos ensina que a Igreja de Jesus é um Corpo de muitos membros diferentes, mas unido à mesma Cabeça (Cristo); e que cada membro é importante, mas deverá estar unido aos outros membros e à Cabeça para que funcione com equilíbrio. Mantendo-nos na unidade, seremos reconhecidos como verdadeiros seguidores de Jesus Cristo (cf. 1Cor 12,27; Cl 1,18).

Pela unidade da Igreja

OREMOS: Deus, nosso Pai, que enviastes Jesus Cristo para nos ensinar a vossa vontade e o caminho da salvação, fazei que aprendamos com Ele o valor da unidade entre os irmãos, pois nos deixou este ideal como memorial de vossa presença entre nós: para que todos sejam um, assim como Ele é unido a Vós. Amém.

32
Silêncio para escutar o Senhor

> *Façamos o que diz o profeta: "Eu disse: guardarei os meus caminhos para que não peque pela língua; pus uma guarda à minha boca; emudeci, humilhei-me e calei..."* (RB 6,1).

> *Pois está escrito: "Falando muito não foges ao pecado", e em outro lugar: "A morte e a vida estão em poder da língua"* (RB 6,4-5).

O silêncio faz parte da ascese e é fundamental para que possamos ouvir o Senhor e desenvolver uma verdadeira amizade com Ele; daí serem tão importantes para a vida do cristão os momentos de retiro espiritual. O silêncio fecundo é diferente daquele que é obsequioso e não leva a nada nem aproxima de Deus, mas só favorece a ascédia. O verdadeiro silêncio favorece o encontro com Deus e faz o espírito crescer para Ele. Deverá ser preparado pela Palavra da Sagrada Escritura; sobretudo, com a oração meditativa dos Salmos.

Para os monges do deserto, o silêncio era um remédio contra a agitação do mundo que aflige o ser humano, pois ajuda-o a entrar em contado com aquilo que é muito profundo, o seu eu interior, a sua alma. O silêncio da alma nos leva a encontrar o Criador.

Jesus Cristo gostava do silêncio para estar a sós com o Pai, e por isso se retirava várias vezes para rezar: "Ocorreu naquela ocasião que Jesus se retirou para um monte a fim de orar, e atravessou toda a noite em oração a Deus. Logo ao nascer do dia, convocou seus discípulos e escolheu, dentre eles, doze, a quem também designou como apóstolos" (Lc 6,12-13).

Observa-se aqui que, quando Jesus ia tomar decisões importantes, sempre se recolhia no silêncio da noite. E esta foi uma grande decisão, pois estava edificando formalmente a sua Igreja que seria construída sobre o alicerce dos seus doze apóstolos. Também, para realizar alguns milagres, Jesus se afastava da multidão, da agitação. Assim aconteceu quando curou um surdo que se expressava com dificuldade, na região da Decápole: "Jesus se afastou com o homem para fora da multidão.

Em seguida colocou os dedos nos seus ouvidos, cuspiu, e com saliva tocou a língua dele" (Mc 7,33).

Devido à importância do silêncio para o nosso encontro com Deus, São Bento não admitia conversas vãs. Ele disse: "Quanto às brincadeiras, palavras ociosas e que provocam riso, condenamo-las em todos os lugares a uma eterna clausura; para tais palavras não permitimos ao discípulo abrir a boca" (RB 6,8).

Para aprender escutar a voz do Senhor

OREMOS: Senhor Jesus Cristo, que nos ensinastes o silêncio como um lugar especial de encontro com o Pai, fazei com que possamos sempre nos recolher para ouvir a vossa voz e apelos, a fim de que possamos pautar a nossa vida conforme a vossa vontade. Amém.

33
O protagonismo do discípulo

Escuta, filho, os preceitos do Mestre, e inclina o ouvido do teu coração; recebe de boa vontade e executa eficazmente o conselho de um bom pai (RB pról., 1).

O único Mestre é o Senhor! Assim sendo, todos nós somos discípulos. A figura do abade no mosteiro, que também é discípulo e faz a função do Mestre, é de conduzir pessoas para o Senhor. A Regra, portanto, foi escrita para o discípulo, pois é ele o protagonista da ação e que dá sentido às linhas do texto de São Bento.

Jesus é o modelo de discípulo! A profecia do Servo Sofredor já descreve antecipadamente a vida dele que, como discípulo, confia em Deus e se entrega aos irmãos com confiança: "O Senhor Deus deu-me língua adestrada, para que eu saiba dizer palavras de conforto à pessoa abatida; Ele me desperta cada manhã e me excita o ouvido, para prestar atenção como um discípulo. O Senhor abriu-me os ouvidos; não lhe resisti nem voltei atrás. Ofereci as costas para me baterem e as faces para me arrancarem a barba; não desviei o rosto de bofetões e cusparadas. Mas o Senhor Deus é o meu Auxiliador; por isso não me deixei abater o ânimo, conservei o rosto impassível como pedra, porque sei que não serei humilhado" (Is 50,4-7).

O ato de ouvir e prestar atenção são próprios daqueles que escutam com o coração os apelos do Senhor; portanto, o discípulo. Esta atitude nos coloca em função do outro, pois conforme o desejo de São Bento é unidos, como irmãos, que devemos chegar à vida eterna.

Toda a Regra Beneditina é permeada pela busca da santidade por parte do discípulo, pois esta é a meta de Bento e daqueles que desejam segui-lo neste estreito caminho que se abre para a verdadeira vida. Ele mesmo dizia que era uma porta pequena e de difícil ingresso, mas que, com o amadurecimento da vida monástica e da fé, o coração se dilata até chegar aos cumes da perfeição.

Por isso, os discípulos devem obedecer de boa vontade, silenciar para edificar e evitar murmurações; calar sobretudo as palavras ociosas e escutar aquelas que edificam (cf. RB 5–6).

Para se tornar um verdadeiro discípulo de Cristo será necessário estar em um constante processo de conversão do coração, aprofundando a amizade com Ele pela leitura orante da Sagrada Escritura e uma vida de oração contínua e de qualidade, em que a mente concorde com a voz, evitando-se toda distração.

A Regra de São Bento nos apresenta marcas do caráter de Jesus Cristo que devem ser seguidas por seus discípulos: amor a Deus, renúncia, obediência, humildade, serviço, trabalho... Busquemos cotidianamente estes ideais e deixemos nos assimilar por Cristo, o nosso único Mestre e Senhor.

Para sermos verdadeiros discípulos

OREMOS: Divino Espírito Santo, Senhor da vida, vinde em nosso auxílio com os vossos dons, a fim de que possamos acolher com o coração aberto as marcas de Cristo, e assim o sigamos, como discípulos, por toda a nossa vida. Amém.

34
O lugar da oração

Que o oratório seja o que o nome indica, nem se faça ou se guarde ali coisa alguma que lhe seja alheio. Terminado o Ofício Divino, saiam todos em absoluto silêncio e tenha-se reverência para com Deus; de modo que se acaso um irmão quiser rezar em particular, não seja impedido pela imoderação do outro. Se também outro, porventura, quiser rezar em silêncio, entre simplesmente e ore, não com voz clamorosa, mas com lágrimas e pureza de coração. Quem não procede desta maneira, não tenha, pois, permissão de, terminado o Ofício Divino, permanecer no oratório, como foi dito, para que outro não venha a ser perturbado (RB 52,1-5).

Deus está presente no oratório do mosteiro, mas também em todo lugar. São João nos ensina que em qualquer lugar podemos adorá-lo em espírito e verdade (cf. Jo 4,23). Mas, mesmo assim, faz-se necessário um local silencioso, simples, harmonioso e que revele a presença do sagrado, onde possamos nos recolher para estar com o Senhor.

No capítulo em que São Bento trata da maneira de se proceder a recepção dos novos irmãos que se tornarão membros definitivos da comunidade monástica vê-se a importância do oratório como o coração do mosteiro, pois é lá que acontece este evento que é fundamental para a vida do monge e da família religiosa, a sua oferta definitiva ao Senhor e o crescimento da comunidade. Ele propõe: "No oratório, diante de todos, prometa o que vai ser recebido: a sua estabilidade, conversação de seus costumes e a obediência, diante de Deus e de seus santos [...]. Desta sua promessa faça uma petição no nome dos santos, cujas relíquias aí estão, e do abade presente. Escreva tal petição com sua própria mão; ou então, se não souber escrever, escreva outro rogado por ele, e que o noviço faça um sinal e coloque com sua própria mão sobre o altar" (RB 58,17-18a-20).

E, ainda, diante do altar, lugar do encontro com Deus por excelência, o recém-professo prostrado canta por três vezes o versículo do Sl 118,116: "Recebei-me, Senhor, segundo a vossa palavra e viverei, e não serei confundido em minha esperança". Ao final da terceira vez, a comunidade acrescenta o Glória à Santíssima Trindade.

É no oratório, também, que o novo monge se despoja das vestes seculares e recebe o hábito monástico, as vestes próprias do mosteiro (cf. RB 58,26-28).

O importante mesmo é termos momentos para nos encontrar com o Senhor; este lugar poderá ser a solidão do quarto de dormir, uma varanda de apartamento, um quintal, um jardim, ou até mesmo uma fila de banco ou o seu próprio veículo; pois, já que, pelo nosso batismo, somos os verdadeiros templos onde Deus quer habitar, resta-nos silenciar e ficar diante dele para que nos interpele, como nos orienta o Profeta Oseias quando nos convida ao deserto para que o Senhor nos fale ao coração (cf. Os 2,16). O Evangelista Marcos nos apresenta Jesus nos chamando para um lugar deserto a fim de descansar, ou seja, *vacare* (*vacances*)[14] (cf. Mc 6,1).

Assim, Jesus estará sempre conosco, pois nunca se ausentará (cf. Mc 4,35ss.). Ele acalma as nossas tempestades e tira todos os nossos medos.

Somos um espaço de oração

 OREMOS: Senhor Jesus Cristo, que fizestes de nós o vosso templo vivo para a vossa habitação, dai-nos o verdadeiro

---

14 Ficar de férias.

espírito de oração e de louvor, a fim de que os lugares que instituímos para nos encontrar convosco sejam favorecidos com a nossa postura interior e que nenhuma atividade terrena nos impeça de ir ao vosso encontro, para que, formados pelos vossos ensinamentos, cheguemos um dia à Cidade do Céu. Amém.

35
A escola do serviço do Senhor

Devemos, pois, constituir uma escola do serviço do Senhor. Nesta instituição esperamos estabelecer nada de áspero ou pesado. Mas se aparecer alguma coisa um pouco mais rigorosa, ditada por motivo de equidade, para emenda dos vícios ou conservação da caridade, não fujas logo, tomado de pavor, do caminho da salvação, que nunca se abre senão por penoso início. Mas, com o progresso da vida monástica e da fé, dilata-se o coração, e com inenarrável doçura de amor corre-se pelos caminhos dos mandamentos de Deus, de modo que não nos separando jamais do seu magistério e perseverando no mosteiro, em sua doutrina, até a morte, participemos, pela paciência,

dos sofrimentos do Cristo, a fim
de, também, merecermos ser co-
herdeiros de seu reino. Amém
(RB, pról., 45-50).

O valor semântico do vocábulo escola é apresentado pelos gramáticos e dicionaristas como o local onde se aprende. A pedagogia moderna diz que é o espaço em que se adquire o saber formal acumulado ao longo da história, a fim de que o discípulo (estudante/aluno), torne-se capaz de resolver problemas para transformar as diversas realidades.

São Bento, portanto, concebe o mosteiro como uma escola para se servir ao Senhor; ou seja, um local onde se aprende a arte espiritual para encontrá-lo e permanecer com Ele. Aqui estão as ferramentas espirituais e os remédios necessários para tão nobre empreendimento, que possui um valor sublime de eternidade.

Esta escola é para toda a vida e nela poderão aparecer ocasiões mais difíceis; ou seja, momentos de cruz para a purificação. São os momentos de *crisis*, vistos de maneira otimista, como uma inquietude de passagem para purificar; ou seja, acrisolar com o crisol, a fim de que se cresça para Deus. Aparecendo coisas ásperas e rigorosas, neste espaço, para emenda dos vícios e conservação da caridade, não se deverá fugir, pois o caminho da salvação se abre através da porta estreita. É perseverando no mosteiro e participando dos sofrimentos de Cristo que se chega ao Reino de Deus.

O mundo também é uma grande escola! As nossas rotinas, com suas preocupações; as doenças que aparecem; os diagnósticos graves; as tristezas e desenganos... Todos são momentos de prova que deverão ser assumidos na perspectiva da cruz de Cristo, para com Ele ressuscitarmos. Nada de fugas, de perder a fé ou mudar de religião!

Peçamos ao Senhor a graça de não fugirmos desta escola da Família de Nazaré, e com Jesus, Maria e José aprendermos o valor da humildade, da obediência, da simplicidade, da discrição e do trabalho. Como nos ensina o nosso pai São Bento, permanecendo firmes na busca de Cristo, através do cumprimento das nossas promessas até o fim, chegaremos *juntos* à vida eterna.

Perseverar na Igreja mesmo diante da provação

OREMOS: Deus, nosso Pai, sois o eterno Educador, pois a vossa vontade é nos conduzir para Vós, através de uma escola na qual devemos pôr em prática os ensinamentos aconselhados por Jesus Cristo. Dai-nos, por vossa graça, perseverar até o fim na escola do vosso serviço, mesmo que surjam momentos de provações. Amém.

Epílogo

Alguns conselhos de São Bento para aperfeiçoar o dia a dia

Apesar de ter mais de 1.500 anos, a Regra de São Bento é sempre atual, e a sabedoria transmitida por ele em seu texto ainda nos ajuda a trilhar o caminho da santidade. Portanto, não precisa ser monge, religioso ou sacerdote para andar por este caminho que nos ajudará a encontrar o Senhor e com Ele permanecer.

A importância do *escutar* através da manutenção do silêncio interior, mesmo diante da agitação do mundo, é fundamental para que tenhamos os olhos sempre fixos no Senhor. A Santa Regra se abre com este pedido de Bento: "Escuta, Filho" (RB, própl., 1). Além de ajudar a nos colocar diante de Deus, o silêncio nos faz refletir sobre nós mesmos.

A *oração* é importante para que o encontro com o Senhor seja contínuo e qualitativo. Constitui-se de um diálogo frutuoso com o Criador, por Jesus Cristo, no Espírito Santo e sempre com a intercessão materna da Virgem Maria, a Mãe da Igreja, pois ela nos aponta para Cristo: "Fazei tudo o que Ele vos disser" (Jo 2,5).

Seria interessante que as famílias tivessem um lugar especial para a oração pessoal e comunitária em suas residências, um pequeno altar ou mesmo um santuário (oratório). Estabelecendo-se um dia e horário por semana para o encontro com o Senhor através de uma oração breve e pura; não como mera obrigação, mas como um encontro de amor. Sugerimos que se parta da meditação do Evangelho do domingo, em seguida, a Oração do Salmo e preces, concluído com o Pai-nosso e a Ave-Maria. Claro que se pode fazer outra oração que a piedade cristã inspirar, pois o importante é estar com Jesus Cristo e a Virgem Maria em um lugar e horário determinados, no próprio lar.

Bento equilibra o dia do monge e de todo o cristão intercalando a oração com o *trabalho*, que também é uma forma de oração. Seu lema tradicional é *ora et labora* (reza e trabalha). Ao afirmar que a ociosidade é inimiga da alma, sugere que seus monges dividam o tempo entre leitura, oração e trabalho e, assim, ganha-se o equilíbrio do corpo, da alma e da mente. Que tal fazermos das 24 quatro horas do dia a seguinte divisão, mas sem extremismos: oito horas para repouso e lazer; oito para trabalho manual e intelectual (estudo, pesquisas, leituras...) e oito para oração e *Lectio Divina* (leitura orante da Sagrada Escritura!) O trabalho, portanto, deverá ser entendido como nossa participação na obra divina; ou seja, um contínuo aprimoramento do mundo criado por Deus, o qual confiou aos nossos cuidados.

É interessante como o legislador dos monges se preocupa, também, com os momentos de *descanso*. Na Regra ele diz: "Depois da sexta, levantando-se da mesa, repousem em seus leitos com todo silêncio; se acaso alguém quiser ler, leia para si, de modo que não incomode o outro" (RB 48,5). Estar bem descansado se faz necessário para que tenhamos uma oração e um trabalho de qualidade. Também podemos relacionar esse repouso aos momentos de lazer e nossas férias.

Outro conselho importante é a atenção e gentileza que devemos ter uns com os outros; seja na família, na escola, no ambiente de trabalho ou mesmo no lazer. A *ética do cuidado* nos lembra da fraternidade universal e que se faz necessário *ser* próximo, mais do que estar próximo. O respeito mútuo é fundamental para que as relações interpessoais sejam sadias e sólidas. Bento orienta que no mosteiro todos sejam recebidos como o Cristo: os pobres, os hóspedes em geral, os peregrinos. Desse modo, estaremos contribuindo para que o mundo se humanize, seja menos egoísta e mais solidário, refletindo o amor de Deus. Por isso, Bento se preocupa que os irmãos estabeleçam as pazes uns com os outros antes mesmo do pôr do sol (RB 4,73), para que todos vivam na fraternidade e construção da unidade. No cotidiano, em qualquer ambiente que os seguidores de Jesus se encontrem, devem ser construtores de pontes, estabelecendo sempre a paz, evitando toda a discórdia, pois onde há rixas e brigas Deus não está.

A *disciplina* é outro valor importante que São Bento nos legou para a contemporaneidade. Com ela conseguiremos os nossos objetivos (metas) de modo mais eficaz, evitando todo improviso. O agir disciplinado se faz necessário nos diversos setores do nosso cotidiano: com relação aos horários (pontualidade e assiduidade); no cuidado com o corpo, mantendo uma atividade física; na vida intelectual, com horas de estudos e produções científicas; na vida espiritual, estabelecendo momentos de oração; também para os momentos de repouso e lazer. São Bento preza pelos momentos de leitura como alimento da alma e da mente, e quando trata da divisão das horas de trabalho no tempo da Quaresma, orienta-nos para a leitura: "Nesses dias de Quaresma, recebam todos respectivamente livros da biblioteca e leiam-nos pela ordem e por inteiro; esses livros são distribuídos no início da Quaresma" (RB 48,15-16). A boa leitura, sobretudo a da Sagrada Escritura, amplia o nosso pensamento e nos ensina com sabedoria a ler o passado para fazer escolhas corretas no presente, sempre na perspectiva de colhermos bons frutos no futuro.

O pai dos monges do Ocidente convida-nos a ter sempre a morte diante dos olhos (cf. RB 4,47). Isso porque devemos viver cada dia como se fosse o último; ou seja, com intensidade, *sem perdas de tempo*; enquanto somos consolados pela fé na ressurreição e na vida eterna, pois o próprio Jesus nos garantiu: "Aquele que crê em mim tem a vida eterna" (Jo 6,47).

Concluímos, dizendo que a regra de nosso pai São Bento é muito atual e que sua finalidade é a busca de Deus através da vivência do Evangelho de Jesus Cristo no cotidiano de nossa vida, lugar do processo de santificação.

O nosso Redentor, certo dia na Galileia, chamou os seus primeiros seguidores, os Apóstolos: "Andando junto ao Mar da Galileia, viu dois irmãos, Simão, chamado Pedro, e André, seu irmão, os quais lançavam as redes ao mar, porque eram pescadores; e disse-lhes: vinde após mim, e eu vos farei pescadores de homens. Então eles, deixando logo as redes, seguiram-no. E, adiantando-se dali, viu outros dois irmãos, Tiago, filho de Zebedeu, e João, seu irmão, num barco com seu pai, Zebedeu, consertando as redes; e chamou-os; eles, deixando imediatamente o barco e seu pai, seguiram-no. Jesus percorria toda a Galileia, ensinando nas suas sinagogas, pregando o Evangelho do Reino e curando todas as enfermidades e moléstias entre o povo" (Mt 4,18-23).

Nós também tomamos a decisão de segui-lo por toda a vida, pois o nosso batismo nos constituiu como seu povo sacerdotal e nação santa. Assim como na *Oração de um padre no final de um retiro*[15], digamos:

> Uma vez que a decisão de te seguir assumiu uma forma concreta na minha vida, senti que o coração transbordava de confiança. Não era confiança em mim: era somente a entrega humilde e singela de minha vida em tuas mãos. Era o "sim" da criança cuja coragem se fundamenta na mão do pai que a segura. Por isso me sentia completamente tranquilo, pronto para enfrentar tudo com a força que me vinha de ti. Lembrava-me da palavra do Apóstolo: "Se Deus está conosco, quem estará contra nós?" Foi assim que começou a minha caminhada: levando o cajado da fé em que me apoiar, calçando as sandálias do peregrino que se dispõe a uma longa marcha e vestindo a túnica da humildade. Alguém, no último momento, deve ter-me emprestado um alforje, dizendo que um dia ou outro poderia encontrar alguma coisa que valeria a pena levar comigo... Que mal teria carregar uma sacola, além de tudo vazia,

---

15 TEPE, V. *Presbítero hoje*. Petrópolis: Vozes, 1993.

em vista dos imprevistos do percurso? Foi a desgraça total. Aquela sacola ia rapidamente se enchendo de tudo quanto encontrava na beira do caminho ou que os próprios amigos me davam com todo carinho, fazendo cair sobre mim uma chuva de presentes: objetos dos mais sofisticados que simplesmente serviriam para apressar a minha caminhada e garantir meu sucesso como evangelizador. E eu, ingênuo ou ávido, esqueci do sábio conselho de sacudir as mãos para não aceitar presentes. Caí no laço das riquezas deste mundo e assinei o decreto de meu fracasso. O meu alforje se tornou uma mala que mal podia carregar, e mais tarde um baú, destinado a esmagar os meus ombros. Dentro, tinha de tudo, mas faltava aquela antiga sabedoria que mantém o coração jovem e faz a alma pular como a corça, suspirando pela fonte de água viva. Não tinha entendido que, quando me enviaste, mandando que não levasse nada comigo, era porque, contigo ao meu lado, já tinha TUDO.

Percorremos juntos com São Bento este caminho de vida como um começo para atingirmos os cumes da perfeição e da vida espiritual. Ele nos levará ao verdadeiro Caminho. O pai dos monges, ao concluir sua doutrina espiritual-formativa, ensina-nos que ela é apenas uma iniciação: "Escrevemos esta Regra para demonstrar que, os que a observamos nos mosteiros, temos alguma honestidade de costumes ou algum início de vida monástica" (RB 73,1).

O importante é perseverarmos no mosteiro e até a morte participarmos, com paciência, dos sofrimentos de Cristo para sermos herdeiros de seu Reino (cf. RB pról.); pois, estando com Ele ao nosso lado, já temos tudo, e nada nos faltará.

Daí a necessidade de ficarmos *sentados à beira do Caminho que não tem mais fim!*[16] E este Caminho sempre nos traz para o centro; Ele é o Senhor! Temos saudades dele, o Sol que tira as nossas tristezas.

---

16 Parafraseando a canção: ROBERTO CARLOS & ERASMO CARLOS. *Sentado à beira do caminho*. Álbum Convida, 1980.

Leia também!

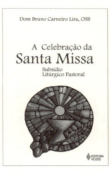

Conecte-se conosco:

f facebook.com/editoravozes

⊙ @editoravozes

𝕏 @editora_vozes

▶ youtube.com/editoravozes

☎ +55 24 2233-9033

www.vozes.com.br

Conheça nossas lojas:

www.livrariavozes.com.br

Belo Horizonte – Brasília – Campinas – Cuiabá – Curitiba
Fortaleza – Juiz de Fora – Petrópolis – Recife – São Paulo

EDITORA VOZES LTDA.
Rua Frei Luís, 100 – Centro – Cep 25689-900 – Petrópolis, RJ
Tel.: (24) 2233-9000 – E-mail: vendas@vozes.com.br